Verena Falkner

Oasengeflüster

Von Abu Dhabi bis Zuvorkommenheit

Berenkamp
Hall in Tirol · Wien

Danke

Bedanken möchte ich mich bei Her Highness Princess Mudhawi bint Muhammad bin 'Abdullah bin' Abdul-Rahman Al Sa'ud für die außerordentliche Gastfreundschaft in Riyadh, Paris und London. Es war mir eine große Ehre, Sie persönlich kennenlernen zu dürfen.

Gern denken wir an die vielen gemeinsamen und gemütlichen Teestunden mit unserem saudischen Freund Mr. Saad in Riyadh zurück. Er hat einen besonderen Platz in unseren Herzen.

Ein Teil der Fotos kommt aus unserem „Familienalbum"; sie wurden von meinem Mann, einem begeisterten Hobby-Fotografen, und unserer Tochter Morena aufgenommen. Die übrigen Bilder stammen aus den privaten Archiven von zwei ebenso leidenschaftlichen Hobby-Fotografen, nämlich von Marianne da Cunha und Horst Uwe Draudt, der in diesem Jahr den ersten Preis bei einem Fotowettbewerb gewonnen hat. Beide leben und arbeiten sehr erfolgreich mit ihren Familien in Abu Dhabi. Beiden danke ich herzlich dafür, dass sie Bilder zur Verfügung gestellt haben.

Liebe Doris, auch Dir ein Dankeschön. Wenn wir in Tirol waren, haben Du, Dein Mann Fredi und Eure Sandra uns immer gleich mit Tiroler Schmankerln verwöhnt, sodass wir uns wieder richtig zu Hause fühlten. Beim gemeinsamen Nordic Walking durch die Tiroler Berge oder beim Schwitzen in der Sauna hast du „brand-new" die Neuigkeiten aus dem Mittleren Osten erfahren und mich immer wieder dazu ermuntert, darüber ein Buch zu schreiben.

Der allergrößte Dank gilt meinen Kindern Alice, Morena und Carlos, die allem Neuen mit so viel Offenheit entgegengetreten sind und alle unsere Entscheidungen mitgetragen haben. Euch dreien widme ich dieses Buch in Liebe.

Verena Falkner
Spätherbst 2008

Verena Falkner

Oasengeflüster

Von Abu Dhabi
bis Zuvorkommenheit

Berenkamp
Hall in Tirol · Wien

www.berenkamp-verlag.at

ISBN 978-3-85093-241-7

Druck und Bindearbeit:
Dipdruck Bruneck

Bibliographische Information der Deutschen Bibliothek

Die Deutsche Bibliothek verzeichnet diese Publikation in der Deutschen Nationalbibliographie; detaillierte bibliographische Daten sind im Internet über http://dnb.ddb.de abrufbar

Inhalt

Bildnachweis:

4	Scheich Zayed Grand Mosque, Abu Dhabi; Foto: Marianne da Cunha
6	Wüste; Foto: Morena Falkner
8	Madinath Jumeirah; Foto: Marianne da Cunha
9	Scheich Zayed Grand Mosque, Abu Dhabi; Foto: Marianne da Cunha
12	Dubai Creek; Foto: Marianne da Cunha
13	Scheich Zayed Grand Mosque, Abu Dhabi; Foto: Marianne da Cunha
19	Burj al Arab; Foto: Horst Uwe Draudt
23	Emirates Tower, Dubai; Foto: Stefan Falkner
40	Scheich Zayed Grand Mosque, Abu Dhabi; Foto: Marianne da Cunha
47	Ausblick; Foto: Marianne da Cunha
59	Oase in Saudi Arabien; Foto: Stefan Falkner
60	Madinat Jumeirah; Foto: Stefan Falkner
67	Emirates Mall, Dubai; Foto: Marianne da Cunha
69	Skyline Corniche, Abu Dhabi; Foto: Morena Falkner
73	Skyline Corniche, Abu Dhabi; Foto: Morena Falkner
74	Sonnenuntergang in Oman; Foto: Horst Uwe Draudt
84	Wüste; Foto: Horst Uwe Draudt
85	Kamele in der Wüctse; Foto: Horst Uwe Draudt
91	Chedi Hotel, Muscat; Foto: Stefan Falkner
92	Mina, Abu Dhabi; Foto: Morena Falkner
95	Festung in der Nähe von Nizwa, Oman; Foto: Horst Uwe Draudt
96	Gebirge im Oman; Foto: Horst Uwe Draudt
98	In der Wüste; Foto: Morena Falkner
101	Kamel-Schönheit; Foto: Stefan Falkner
104	Al Faisaliah Tower, Riyadh; Foto: Stefan Falkner

ABU DHABI

Verschlafen stehen wir mit unserem Gepäck in der Flughafenhalle in Abu Dhabi. Wir, das sind mein Ehemann, ich und unsere drei Kinder – die vierzehnjährige Alice, die elfjährige Morena und der gerade zehn Jahre alt gewordene Carlos. Die drei stellen ihre Schultaschen neben sich auf den Boden und setzen sich auf die Reisekoffer – drei Schultaschen, eine Geige, fünf Koffer. Das ist alles, was wir für unseren neuen Lebensabschnitt mitnehmen.

Mein Mann arbeitet seit zwei Jahren im Mittleren Osten, davon eineinhalb Jahre in Saudi Arabien. Der Wunsch, gleich gemeinsam mit ihm als komplette Familie in den Orient zu übersiedeln, hat sich leider nicht verwirklichen lassen. Zwei Jahre pendelten wir zwischen zwei Wohnsitzen hin und her und nutzten jede freie Minute, um nach Dubai zu fliegen. Carlos ging zwischendurch, als die Sehnsucht nach dem Papa zu groß geworden war, für einen Monat in Abu Dhabi zur Schule. Die Sehnsucht war überhaupt oft unerträglich groß gewesen.

Wo liegt der Beginn der Geschichte? Mein Mann hatte von einer österreichischen Firma ein Angebot vorliegen. Die Firma wollte einen Stützpunkt in Riyadh ausbauen und suchte einen internationalen Manager mit viel Pioniergeist. In der Führungsposition als General Development Manager sollte er allein das Unternehmen im Mittleren Osten ausbauen, führen und repräsentieren. Meinem Mann gefielen die Firma und die Idee, die dahinter stand.

Als nach einem halben Jahr die Anfrage kam, dauerte die Entscheidung keine ganze Minute, mein Ehemann kündigte in der alten Firma, und wenige Monate darauf startete er zum ersten Mal in die Hauptstadt Saudi Arabiens, nach Riyadh, und wir starteten in einen neuen Lebensabschnitt. Ein halbes Jahr später, in der Osterwoche, flog ich mit den Kindern nach. Es waren Osterferien, und wir wollten sehen, wo und wie unser Familienvater lebte. Nach seinen vielen Erzählungen waren wir nur allzu neugierig geworden.

Der erste Zwischenstopp war Dubai. Dort blieben wir eine Woche, ehe wir nach Riyadh weiterflogen – schon dort begann unsere Liebe zum Mittleren Osten. Und doch sollte es zwei weitere Jahre dauern, bis wir alle zusammen in Abu Dhabi leben sollten. Zwei Jahre, in denen wir unzählige Flüge nach Dubai und zurück absolvierten und zwischen den Tiroler Bergen und der Wüste lebten. Zwei Wohnsitze, wie sie unterschiedlicher nicht sein können.

Jetzt endlich, ich konnte es schon kaum mehr erwarten, übersiedeln wir alle in die Ferne. Die Wohnung, die mein Mann seit einem halben Jahre bewohnt, ist zwar winzig klein, aber für den Anfang wird, nein, muss sie uns genügen. Die Größe unserer Bleibe ist mir gleichgültig, mir ist nur wichtig, dass wir als Familie wieder unter einem Dach leben. Die Kinder verabschiedeten

sich zu Hause von ihren Freunden, eine Freundin von Morena kam sogar zum Flughafen mit und winkte uns noch lange nach. Weihnachten, so unser Plan, wollen wir im heimatlichen Tirol feiern – und das macht den Freunden den Abschied leichter.

Mit meiner Freundin telefonierte ich noch lange. Wir hatten uns den Sommer über nicht mehr gesehen, und traurig nahm sie zur Kenntnis, dass wir nun endgültig abreisten. Unsere regelmäßigen gemeinsamen Walking-Touren in die Berge, die würden uns beiden abgehen, das wussten wir schon im Vorhinein. Aber sie freute sich mit mir und war gespannt auf meine Erzählungen.

Die Passabfertigung dauert lange, vor uns hören wir deutsche Kinderstimmen. Ich spitze die Ohren: Sind das künftige Klassenkollegen unserer Kinder? Bei meinem letzten Besuch in Abu Dhabi im Juni suchte ich die „Deutsche Internationale Schule" auf, und der Direktor führte mich durch das Schulgebäude. Er zeigte mir voll Stolz die neue Turnhalle, voll klimatisiert und mit viel Idealismus gebaut. Die Handwerker arbeiteten noch. Bis zum Schulbeginn im Herbst sollte sie fertig sein. Lange hatte es gedauert, bis die Finanzierung gesichert war. Der Schuldirektor hatte aber unbeirrt an seiner Idee festgehalten und konnte nun zufrieden dem neuen Schuljahr entgegensehen. Er informierte mich über das deutsche Schulsystem, und ich meldete alle drei Kinder für den kommenden Herbst in der Schule an.

Wir treten aus dem Flughafengebäude ins Freie. Hitze schlägt uns entgegen. Es ist Anfang September, es hat 40 Grad, die Luftfeuchtigkeit ist extrem hoch.

Der Fahrer des Büros, in dem Stefan arbeitet, erwartet uns. Wir benötigen allerdings noch ein Taxi, denn unser Gepäck hat in dem einen Fahrzeug nicht Platz.

Der Flughafen von Abu – wie die „Expats", die ausländischen Arbeitnehmer in den Vereinigten Arabischen Emiraten, die Stadt liebevoll abkürzen – liegt außerhalb der Stadt. Abu ist eine Insel, durch die Mussafa- und die al-Maqtaa-Bridge mit dem Festland verbunden. Auf der dem Meer zugewandten Seite zieht sich die Corniche entlang, die Küstenstraße von Abu Dhabi. An ihrem Nordende befindet sich ein etwa ein Kilometer breiter und fünf Kilometer langer Streifen, die Tourist Club Area, das eigentliche Stadtzentrum – und dort ist unser neues Zuhause.

Noch liegt Frühnebel über der Stadt. Es ist ein spannendes Gefühl, als wir über die Brücke fahren. Wir kommen am Rotana Hotel und am Meridien Hotel vorbei, eine halbe Minute später biegen wir in „unsere" Straße ein.

Stefan parkt das Auto. Wir steigen aus und blicken auf den Wald von Hochhäusern. Zum Teil verglast, zum Teil vergoldet – trotz Prunk und Pracht merkt man, dass alles noch im Werden und Entstehen ist. Statt auf Asphalt gehen wir zum Teil über Sand zum Haus. Ich bücke mich und greife den feinen, gelblichen Wüstensand. Ganz fein rieselt er durch meine Finger. Unser Haus ist das niedrigste hier. Wir wohnen im elften Stock, in einem kleinen Aufbau am Dach des zehnstöckigen Gebäudes.

Links vom imposanten breiten Stiegenaufgang ein kleines Geschäft – ein crocery –, in dem man alles, wirklich alles kaufen kann. Vom Brot über Gemüse bis zu Damenhygieneartikel, Uhren, Briefpapier und so weiter. Und das alles auf minimaler Fläche. Der Besitzer, ein Inder, der im Ramadan den Mittagsschlaf eingerollt auf dem kleinen Tisch im Laden hält – schreibt den Betrag jedes Verkaufs sorgsam mit Tinte in sein Heft. Die nicht verderblichen Waren hat er in quer liegenden Kartons aufeinandergestapelt. Im untersten Karton hat sich eine der vielen, in Abu Dhabi herrenlosen, umherstreunenden, jungen Katzen ein Plätzchen gesucht. Auch wenn er immer wieder versucht, die Katze zu vertreiben, sie kommt stets zurück. Die Kinder schließen das Geschäft sofort ins Herz. So billig zu einer solchen Riesenauswahl an Süßigkeiten zu kommen und das noch dazu im selben Haus und fast zu jeder Uhrzeit! – das finden sie großartig.

Weil es erst am Abend etwas abkühlt, beginnt das Leben erst nach Sonnenuntergang, das Geschäft hat fast immer bis drei Uhr früh offen. Die meisten Leute bestellen telefonisch. Sie rufen an und lassen sich die Sachen nach Hause bringen. Zu heiß ist es, um selbst einkaufen zu gehen.

Auf der anderen Seite des Eingangs bietet eine Reinigung und Wäscherei ihre Dienste an. Sie hat immer Hochkonjunktur. Kaum einer in Abu Dhabi wäscht und bügelt selber. Mein Mann bringt seine Hemden schon seit einem halben Jahr zum Bügeln dorthin. Ich will die Hemden selbst bügeln. Denkste! Die Bügler der kleinen Wäscherei – ein Pakistani und ein Inder, die im Hinterzimmer der Wäscherei ihre Betten stehen haben – lauern meinem Mann eines Tages, als er in der Früh das Haus verlässt, an der Haustür auf. Aufgeregt fragen sie ihn, ob er mit ihrer Arbeit nicht zufrieden gewesen sei. Sie können nicht glauben, dass ich die Hemden selbst versorge, und sind überzeugt, sie hätten schlechte Arbeit geleistet. Was natürlich nicht stimmt. Also müssen wir handeln, und so bringe ich die Hemden zum Bügeln wieder in die kleine Wäscherei; waschen tu ich sie aber selbst. Schließlich haben wir eine neue Waschmaschine gekauft. So sind nun alle zufrieden. Die Bügler leben allein in den Vereinigten Arabischen Emiraten. Was sie verdienen, schicken sie nach Hause. In Abu Dhabi verdienen sie mehr, als sie zu Hause je verdienen könnten. Der Arbeitgeber ist verpflichtet, ihnen alle zwei Jahre einen Flug nach Hause zu zahlen.

Schon Telefonieren, obwohl in den Emiraten spottbillig, ist für ausländische Arbeiter ein Luxus. Fast immer leben sie in Wohngemeinschaften mit vielen anderen zusammen, sparen eisern und versuchen mit viel Arbeit möglichst viel zu verdienen – zumal für die meisten von ihnen die Aufenthalts- und damit Arbeitsgenehmigung auf zwei Jahre befristet ist.

Zurück zu unserem Zuhause. Europäer leben meist in Compounds eigens errichteten Villenvierteln, in denen sie ihr gewohntes Leben weiterführen – eine Lebensform allerdings, die man mögen muss. Wir finden es aber viel spannender, im Zentrum zu leben.

Wir sausen mit dem Lift in den zehnten Stock, dann noch ein Stockwerk zu Fuß – endlich sind wir angekommen in dem winzigen, liebevoll eingerichteten Penthouse. Eine Liebesoase für frisch Verheiratete, aber wir sind zu fünft! Rücksicht nehmen aufeinander ist also angesagt. Mein Mann hat die kleine Wohnung komplett renovieren lassen. Wir haben eine neue Küche, ein neues Bad, neue Möbel, neue Fliesen und sonst allerlei Neues.

Was als Übergangslösung gedacht ist, bleibt für das ganze Jahr eine Lösung. Das Erstaunliche – alle Gäste, die wir aus Europa in unserer Wohnung begrüßen dürfen, sind von der Gemütlichkeit unseres winzigen Nestes begeistert und kommen zum Teil bald wieder zu Besuch.

Mein Lieblingsort wird die Dachterrasse. Sie ist Goldes wert. Ich entferne den dort gelagerten Bauschutt, begrüne sie mit Palmen und tropischen Pflanzen, kaufe eine Sitzgarnitur und – das Wichtigste – einen riesigen Sonnenschirm. Dort sitzen wir am Abend und genießen den Blick auf den alten Hafen, die Mina, auf das Meer und die vielen Inseln, die Abu Dhabi vorgelagert sind.

Direkt neben unserem Haus steht eine Moschee, von der fünf Mal am Tag zum Gebet gerufen wird. Am ersten Abend gehen wir früh schlafen, in den Früh katapultiert uns der erste Ruf des Muezzins aus den Federn. Am Tag zuvor sind die Lautsprecher

der Moschee neu eingestellt worden. Die erhöhte Lautstärke reicht für die halbe Welt, und der Schalltrichter der Lautsprecher fällt genau auf unsere Wand. Wir sitzen senkrecht im Bett.

In Abu Dhabi gibt es ungezählt viele Moscheen. Scheich Zayed, der Begründer der Vereinigten Arabischen Emirate und „Vater der Nation", überall geliebt und verehrt, erließ dereinst das Gesetz, dass kein Muselman weiter als 400 Meter gehen müsse, um zu einer Moschee zu gelangen. So kommt es, dass überall zwischen den Wolkenkratzern Gebetshäuser stehen. Wir gewöhnen uns schnell an den Gebetsruf. Bald schon scheint er uns abzugehen, wenn er nicht ertönt. Aber er ertönt immer. Die Kinder summen den Ruf des Muezzins mit, wenn sie ihn hören, sogar den Text kennen sie bald auswendig.

Viele kleine Umstellungen sind zu bewältigen. In Europa banale Tätigkeiten, wie Wäsche waschen, müssen überlegt werden. Weiße Wäsche wasche ich in der Nacht und hänge sie am Morgen auf. Bunte Wäsche hingegen wasche ich am Abend und hänge sie die Nacht über zum Trocknen auf die Terrasse. Die Sonne ist stark, die Farben würden ausbleichen. Das Angenehme: Die Luftfeuchtigkeit ist so hoch, dass sich das Bügeln der T-Shirts erübrigt.

Oft ist der Morgentau so stark, dass wir meinen, es hätte stark geregnet. Die Terrasse ist klatschnass, und die Wäsche tropft. Aber kaum sind die ersten zarten Sonnenstrahlen da, verschwindet die Nässe im Nu, und um neun Uhr morgens ist die Wäsche trocken. Dann heißt es schnell handeln, sonst zieht die Sonne die Farbe aus den Kleidern.

Das Wasser aus der Leitung ist mit Chlor oder einem anderen Desinfektionsmittel versetzt. Trinken darf man nur gekauftes Wasser. Für Zuhause besorgt mein Mann einen 50-Liter-Kanister und einen Dispenser dazu. Beides gibt es in jedem größeren Supermarkt – Alltagsartikel, fast jeder hat einen solchen Wasserspender zu Hause stehen. Er wird mit Strom betrieben und liefert auf Knopfdruck kaltes oder heißes Wasser. Ist der Kanister leer, bestellt man telefonisch einen neuen. Geliefert wird prompt, die Ware vor die Wohnungstür gestellt.

Beim Duschen zeigt sich die ungewohnte Qualität des Wassers, die Haare werden „strohig", und die Haut fühlt sich anders an als gewohnt. Ich habe das Gefühl, man bekommt die Seife nicht richtig herunter und hat so etwas wie einen Ölfilm auf der Haut.

Die Luftfeuchtigkeit ist unangenehm hoch, liegt oft bei 80 Prozent und darüber. Den ganzen Tag über ist die Haut nass, als wäre man eben aus der Dusche gestiegen, ohne sich abzutrocknen. Die sicher größte Umstellung in unserem neuen Zuhause ist das WC. Wir wissen nicht, dass kein Klopapier benützt werden soll. Das Papier trocknet bei der extremen Hitze in den Rohren zu schnell und verstopft dann den Kanal. Und weil unsere Abflussleitung zum Teil das Dach entlangführt, ist die Gefahr bei uns am größten. In jedem WC in den Emiraten hängt daher ein Schlauch mit einem kleinen Duschkopf. Nach dem Benützen der Toilette reinigt man sich – mit Seife und Wasser; dafür ist die kleine Dusche da.

In den arabischen Ländern gibt es die „reine Hand", das ist die rechte, und die „unreine Hand", das ist die linke, mit der man sich dort reinigt, wofür der Europäer Papier verwendet. Logische Folge: Man isst mit der rechten Hand und reicht zur Begrüßung ausschließlich die rechte Hand. Die linke Hand, die „Schmutzhand", dient dem besagten anderen Zweck – in unserem Zuhause anfangs die größte Umstellung. Und wie funktioniert das, ohne komplett nass zu werden und so weiter.

Aber wir gewöhnen uns schnell daran. Ist man an diese Hygiene erst einmal gewöhnt, will man sie nicht mehr missen. Es ist eine Form von Reinlichkeit, die bei der Hitze auch hygienisch und angenehm ist. Ganz ehrlich: Klopapier ist eigentlich die zweite Wahl und unhygienisch, wenn ich stattdessen Wasser und Seife benützen kann.

Rund um unser Haus, in der „Tourist Club Area", gibt es viele Geschäfte, noch mehr kleine Lokale und „take aways" aus aller Herren Länder. Inder, Chinesen, Libanesen, zum Teil Pakistani bieten für ihre Landsleute und für die Genießer der internationalen Küche heimische Kost. Vernünftig ist, nicht in allen Lokalen in die Küche zu schauen; der Appetit könnte einem vergehen. Aber das Essen ist immer ausgezeichnet. Wir haben keine Angst davor, etwas Neues zu kosten. Ganz im Gegenteil: Mein Mann holt sich eines Tages eine Lebensmittelvergiftung – bei einem Dinner in einem noblen 5-Sterne-Hotel. Drei Tage lang plagen ihn Durchfall, Erbrechen und Fieber. In den winzigen, einfachen Imbissbuden ist hingegen nie etwas passiert. Aus jedem dieser Lokale kann man Speisen mitnehmen oder telefonisch bestellen und liefern lassen. Die Preise sind sehr niedrig.

Wir entdecken ein chinesisches Lokal, in dem der Koch ausschließlich mit frischen Gewürzen und vollkommen naturbelassenen Zutaten kocht. Wenn ich mit den Kindern chinesisch essen gehe – und das ist oft der Fall –, kostet das umgerechnet zehn Euro, selten mehr; selbst für das beste „lemon chicken", das wir je gegessen haben, wird uns nicht mehr in Rechnung gestellt.

Was ich besonders mag, sind die arabischen Vorspeisen, die „mezzes": pürierte Kichererbsen oder Auberginen, dazu wird warmes Fladenbrot gereicht. Das Essen im Mittleren Osten ist wirklich köstlich.

Burj al Arab

Der gesamte Mittlere Osten ist beeindruckend und faszinierend zugleich. Abu Dhabi zeigt uns noch die wunderbare Mischung aus Modernität und Tradition. Dubai punktet mit Schlagworten und Maximen. Das Motto von Dubai lautet: „Wir versuchen in weniger als einer Generation zu schaffen, wofür andere Jahrhunderte brauchten." Und tatsächlich: Es funktioniert mehr als gut.

Den Beginn dieser Ära machte das weltbekannte erste Sieben-Sterne-Hotel der Welt, das „Segel Arabiens", das „Burj al Arab". Es liegt auf einer künstlich aufgeschütteten Insel am Jumeirah Beach. Höhe, Weite, Raum – das alles spielt in den Emiraten keine Rolle. Die Wüste ist weit. Platz gibt es ohne Ende, was fehlt, wird mit Geld wettgemacht.

Dementsprechend die Maße des Burj al Arab. Der Eiffelturm in seiner ganzen stattlichen Höhe hätte darin Platz. Die Auffahrt ist so breit, dass drei Rolls Royce nebeneinander wenden könnten. Die Badezimmer in den Suiten gleichen in der Größe europäischen Wohnungen, und die Bediensteten, die sich rund um die Uhr um den Gast bemühen, lassen das Märchen aus Tausendundeiner Nacht wahr werden.

Meine Töchter sind begeistert vom Schwimmbad des Burj al Arab, das in atemberaubender Höhe liegt. Der Pool ist so gebaut, dass das Wasser bis zur verglasten Außenwand reicht. Man schwimmt also bis zum Rand, bis zur Glasscheibe – noch ein Schwimmzug, und man hat das Gefühl, über Dubai zu schwimmen.

Im herauskragenden Restaurant im letzten Stock sehen wir einen Schwarm Haifische, und im Abendrot eine der drei künstlich gebauten Palmen, eine der drei berühmten Inseln, die künstlich aufgeschüttet wurden. Sie haben die Form einer Palme und wurden mit Hotels und Wohnhäusern bebaut. Es wird gemunkelt, dass sie das achte Weltwunder werden sollen. Zumindest die Emirati wünschen sich das.

Um das Burj ranken sich viele Geschichten, Mythen und Stories. Wie die von dem reichen Ausländer, der seit Monaten dort lebt und auf die Baugenehmigung in Dubai wartet (in Dubai darf man Bauobjekte zwar kaufen – für 99 Jahre, dann fällt der Besitz wieder an das Land zurück. Bauland wird daher so gut wie nie verkauft). Oder die Geschichte von dem Gast, der prozessierte, weil ihm die Landeerlaubnis für den Hubschrauber, der seine Tochter in das Burj einfliegen sollte, nicht erteilt wurde. Den Prozess hat er angeblich gewonnen, der Landeplatz wurde wegen der Gefahr der Windböen jedoch geschlossen. Viele kennen das Foto von Tiger Woods, der den ersten Abschlag für das Golfturnier vom Hubschrauberlandeplatz des Burj machte, oder Andre Agassi, der dort droben ein paar Tennisbälle übers Netz schlug.

Das Burj darf man als Tourist besichtigen, der Eintritt kostet umgerechnet fünfzig Euro. Um diesen Betrag darf man dann im Burj konsumieren. Die fünfzig Euro sind dort aber schnell aufgebraucht. Mein Mann hat mehrere Meetings im Burj. Manchmal kommen wir mit. Während der Besprechungen sitzen wir in der Lobby oder stöbern in den Geschäften. Eine Kette und ein Armband von einem bekannten Designer finde ich besonders schön und frage im Geschäft nach dem Preis. Der Geschäftsinhaber sieht mich an, nimmt den Taschenrechner, rechnet den Preis in Euro um und schiebt mir den Rechner wortlos, aber freundlich lächelnd über den Tisch. Über Geld scheint man im Burj al Arab nicht zu sprechen. Die Zahl auf dem Rechner ist nicht übertrieben hoch. Ich sehe ihn ungläubig an, und er holt die Kette aus dem Schaufenster. Er beschreibt die Diamanten, die Rubine, die Saphire, das Rotgold, das Gelbgold, das Platin – es ist eine eigens für das Burj al Arab hergestellte Kreation. Ich verstehe: Hinter der Zahl fehlen die Nullen, und das sind sicher einige. Über Geld spricht man nicht – und wenn, dann nur in vagen Ansätzen. Wichtig sind nur die ersten drei Ziffern. Er legte mir das Collier um – wunderschön. Nur viel zu teuer! Just in diesem

Moment kommt mein Mann bei der Tür herein. Er sieht mich an, blickt auf das Collier, liest auf dem Rechner, der am Tisch liegt, die drei Zahlen und sagt: „We take it." Die Geschäfte sind offensichtlich bestens gelaufen. Von den fehlenden Nullen weiß er natürlich nichts. Ich will aus Höflichkeit vor dem Inhaber nicht Deutsch reden und den Irrtum klären und sage meinem Mann, dem die Kette offensichtlich noch besser gefällt als mir, auf Englisch, dass mir die Farben nicht stehen und ich auf die nächste Kollektion warten möchte.

„Nein, sie steht dir wunderbar!"

Der Geschäftsinhaber und mein Mann sind derselben Meinung. „Kann man sich über den Preis einig werden?", fragt mein Mann. „Of course!", antwortet der Händler.

Jetzt ist Handlungsbedarf dringend gegeben, denn der Taschenrechner mit den drei Ziffern geht schon hin und her. Ich muss einen, irgendeinen überzeugenden Grund finden, sofort das Geschäft zu verlassen. „Stefan, mir ist schwindelig. Können wir im Café ein Wasser trinken?"

Beide halten inne und sehen mich an. „Ja, natürlich!" Mein Mann entschuldigt sich beim Geschäftsführer, bittet um Bedenkzeit, und ich sitze kurz darauf in einem großen Fauteuille mit einem großen Glas Mineralwasser.

„Dir ist doch nie schwindelig. Was ist denn los?", fragt mein Mann.

Ich kläre ihn über die fehlenden Nullen auf.

Er lacht. „Wie viele Nullen haben denn gefehlt?"

„Viele!"

Corniche

Die Corniche ist die Küstenstraße und Promenade von Abu Dhabi. Obwohl ich die gesamte Corniche jeden Tag mehrere Male von Anfang bis Ende fahre – das sind pro Strecke bis 45 Minuten –, wird mir die Fahrt nie langweilig.

Die Schule der Kinder liegt am anderen Ende der Stadt. Pünktlich um 7.15 Uhr verlassen wir das Haus, steigen ins Auto, fahren beim Bäcker vorbei – der Schuljause wegen (Schokocroissants, mit Käse, Fleisch oder Spinat gefüllte Fladen) – und fahren die Corniche entlang Richtung Schule. Auf der einen Seite der Straße liegt das Meer, als Schutz vor Flutwellen vorgebaut die Insel Lulu Island, vom Königshaus erbaut. Rundum erneuert und verschönert sind die Spazierwege, die die Corniche säumen. Kinderspielplätze, Restaurants, Fruchtbars, Bänke – alles in arabischem Stil verfeinert. Auf der anderen Seite der Corniche stehen die prachtvollen Hochhäuser, keines wie das andere, fast jedes verspiegelt. Je nach Sonne und Lichteinfall oder Abendbeleuchtung spiegelt sich die Stimmung im Glas der Hochhäuser wider.

Am Ende der Corniche steht das Emirates Palace Hotel – das Highlight von Abu Dhabi, ein riesiges Palasthotel mit 223 Kuppeln und einem Privatstrand, fast eineinhalb Kilometer lang. Das Interieur ist hauptsächlich mit Blattgold überzogen. Am Boden liegen dicke Teppiche, die jedes Geräusch schlucken, und in den Suiten gibt es zur Begrüßung für die Gäste eine Torte – Eigenkreation und Geheimnis des Hauses – mit essbarem Blattgoldüberzug. Der oberste Stock – das Gebäude spiegelt den Reichtum und die Pracht des Scheichtums wider – ist angedacht für die Besuche von Königen der benachbarten Länder und für hohen politischen Besuch aus dem Ausland.

Wir besuchen einige Male das „Emirates", einmal sind wir dort, um den Risotto des Kochs aus Neapel zu versuchen. Ein andermal wollen wir dort frühstücken, wollen vorher aber den Strand und die Schwimmbäder besichtigen, „verirren" uns auf dem Rückweg aber in den riesigen Korridoren in den einzelnen Teilen des Palasts. Wir fühlen uns einsam und allein gelassen – auf unserer fast einstündigen Odyssee begegnen wir absolut niemandem, nicht einmal der Security. Bis wir das Labyrinth verlassen, ist es für das Frühstück zu spät. Außerdem tun uns die Füße weh. Und nach so viel Gold braucht man dringend eine Abwechslung.

Wir finden sie in der Marina Mall, dem neu gebauten riesigen Shoppingcenter in der Nähe vom „Emirates Palace". Von der Mall aus genießt man einen wunderbaren Blick auf die Corniche. Der Segelklub hat seine Boote dort stehen, und am Abend kann man in den Lokalen am Strand seinen Chai, Schwarztee, trinken und auf die beleuchtete Corniche blicken.

Auch wenn der Schulweg lang ist und wir jedes Mal mindestens 30 Minuten im Auto sitzen, wird mir der Weg nie langweilig. Ich liebe die verschiedenen Stimmungen. Jede Fahrt ist anders. Die Sonne, der Sonnenaufgang, der Sonnenuntergang, die Wolken, die Möwen, der Morgentau im Winter, der Dunst, der Nebel von der Luftfeuchtigkeit – alles spiegelt sich in den glitzernden Glasflächen der Hochhäuser wider. Morgens spielen wir unsere Lieblingskassetten und fahren mit offenem Verdeck. Wir atmen die Luft und den Duft des Meeres und genießen die Fahrt. Was sich täglich aber auch wiederholt, sind die Anweisungen der Kinder: „Fahr schneller, wir kommen zu spät. Papa braucht nie so lang!"

Dass Papa nie so lang braucht, bestätigt sich am Schuljahrsende in den vielen Fotos, die von den am Schulweg stehenden Radargeräten geschossen wurden. Wir sind dankbar, dass wir bei der Höhe der Summe einen „Mengenrabatt" erhalten.

In den Emiraten ist die Prämie für die Autoversicherung einmal im Jahr fällig. Weil es nur Postfächer gibt – die Leute übersiedeln ja häufig –, sucht man das Amt auf, verlängert quasi vor Ort die Versicherung und zahlt auch gleich. Dabei nutzt man auch die Gelegenheit und entrichtet die Strafen für die Delikte,

die sich das Jahr über angesammelt haben – falsches Parken, Geschwindigkeitsübertretungen und so weiter. Zahlt man nicht, gibt's keine neue Versicherung. Auf diese Weise kann sich niemand vor dem Bezahlen drücken – ein unkompliziertes und gut funktionierendes System! Auch die Abmeldung eines Fahrzeugs erfolgt auf diesem Amt; erst wenn alle noch offenen Rechnungen beglichen sind, kann man das Auto weiterverkaufen oder nach Europa mitnehmen.

Uns zeigt der Beamte einen Berg von Fotos – auf fast jedem sind dieselben Palmen zu sehen. Sie verraten, wo mein Mann die Verkehrssünden begangen hat. Die Geschwindigkeitsübertretungen waren nur minimal. Das Verkehrsgesetz ist wegen der erschreckenden Unfallstatistik in den Vereinigten Arabischen Emiraten aber streng. Viele schwere Unfälle passieren, fast immer sind schwere Geländewagen in das Geschehen verwickelt. Vor dem Amt hängen eine Vielzahl an Fotos mit schwersten Unfällen. Die Geländewagen, die einen LKW-Aufbau haben, erkennt man oft nicht wieder, so übel zugerichtet sind sie.

Kaum einer in den Emiraten fährt mit mechanischem Getriebe, an die 99 Prozent sind stolz auf die Automatik. Dadurch bleibt eine Hand frei – zum Telefonieren (obwohl das in den Emiraten streng verboten ist). Die langen, schnurgeraden und großzügig breiten Straßen verlocken dazu, das Gaspedal ordentlich durchzudrücken. Die Emirati lieben die Geschwindigkeit. Man muss ihnen jedoch zugute halten, eine außerordentlich gute Reaktion zu haben. Sie mögen sich ungern an amtliche Verkehrsregeln halten, die vielen ungeschriebenen Regeln im Straßenverkehr beachten sie geflissentlich. Lebt man länger in den Emiraten und fährt man viel Auto, weiß man bald Bescheid. Ein Deutscher macht seit einigen Jahren Urlaub in Abu Dhabi. Er erzählt mir erbost, dass er wieder einmal fast niedergefahren worden wäre. Auf dem breiten Zebrastreifen vor seinem Hotel habe er die Straße überqueren wollen in der Erwartung, die Autofahrer würden die Geschwindigkeit reduzieren und ihm den Vorrang einräumen. Ein gefährlicher Irrtum! Als er auf dem Schutzweg der anderen Straßenseite zugestrebt sei, habe der Fahrer eines

Geländewagens gar nicht daran gedacht zu bremsen, sondern sei vielmehr aufs Gas gestiegen. Der gute Mann habe ständig Angst, zum Zierstück auf diversen Motorhauben zu werden.

Ähnliches bekomme ich von anderen Europäern zu hören. Sie berichten von Schweißausbrüchen, wenn sie eine Straße überqueren müssten. Die Wüstensöhne wollen offenkundig zeigen, dass sie die Stärkeren sind, sie wollen sehen, ob es das „gejagte Objekt" schafft, aus der „Schusslinie" zu kommen.

Meinen Kindern verbiete ich jedenfalls, eine Straße allein zu überqueren.

DSAD

DSAD ist die Abkürzung für Internationale „Deutsche Schule Abu Dhabi", die internationale deutsche Schule, die unsere drei Kinder besuchen. Uns erwartet eine gemütliche, mit viel Idealismus und Abenteuerlust aufgebaute Schule. Ich muss ein wenig Rückschau halten in die Geschichte der Schule und in die Geschichte Abu Dhabis.

Ende der 1960er Jahre war Abu Dhabi noch eine bettelarme Stadt. Ihre Einwohner versuchten sich als Perlentaucher. Die Armut war so groß, dass die Menschen oft kein Schuhwerk trugen, geschweige denn einen Kopfschutz gegen die Sonne. Und das bei Temperaturen von 55 Grad und mehr. Da halfen dann nur noch die langen Haare, die sich die Taucher wachsen ließen, um die Schultern zu schützen. Die Menschen lebten in Barastis – Hütten, die sie aus Palmwedeln errichteten. Das alles ist nicht einmal vierzig Jahre her. Erdöl, das „flüssige Gold", hat Wohlstand in die Hütten gebracht, und unter Scheich Zayed entstand das Abu Dhabi, das wir heute kennen. Unter seiner besonnenen Führung entstanden Krankenhäuser, Schulen – und es gab plötzlich genug zu essen für alle.

In der DSAD unterrichtet eine rührige Englischlehrerin. Zum 25-jährigen Jubiläum der Schule erzählt sie von der Entwicklung der Schule. Sie schildert, wie sie vor mehr als zwanzig Jahren am Flughafen gelandet und durch den Sand zur Schule, einem kleinen und einfachen Gebäude, gestapft sei. Im Gepäck habe sie außer ein paar Büchern eine riesige Portion Idealismus gehabt. Sie sei gekommen – und geblieben. Sie habe geheiratet, in Abu Dhabi ihre Kinder großgezogen und den Aufschwung des Landes miterleben dürfen. Sie erzählt von der Dhow, einem Segelschiff, die sie erworben habe und mit der sie mit den Schulkindern aufs Meer hinaus gefahren sei. Sie erzählt von ihrem alten Jeep, mit dem sie Wüstenrallys organisiert habe. Die

Schule sei ihr Lebenswerk, sei stets der „rote Faden" im Leben gewesen. Es ist eine berührende Schilderung – und eine faszinierende zugleich. Wie selten trifft man im Leben auf Zeitzeugen, die als Ausländer eine derart rasante Entwicklung miterleben durften. Die Lehrerin ist in vielerlei Hinsicht ein „Tausendsassa". Sie entwirft alle ihre Kleider selbst und näht sie auch selbst. Schon in der Früh sieht sie perfekt aus. Ihre Frisur ist stets gestylt, das Make-up stets perfekt. Das Unterrichten ist ihr Leben, und sie hat ein beinah perfektes Gespür für Kinder. Mit ihren sechzig Jahren steht sie allerdings kurz vor der Pensionierung.

Unser Sohn Carlos hat sie als Englischlehrerin. Leider ist er in ihrem Unterricht ziemlich faul – besonders als es darum geht, die englischen Steigerungsstufen zu lernen. Als ich ihn einmal bei über 40 Grad Celsius von der Schule abhole, treffen wir mit der Lehrerin zusammen. Sie sieht meinen Sohn an und fragt spontan: „Carlos, wie heißt die Steigerung von heiß?" Die Antwort kommt prompt: „Hot, hotter, am hottesten!"

Über Schüler und Eltern gäbe es viel zu berichten. Zum Beispiel von der sogenannten „Geländewagen-Gang". Die meisten Mütter bringen ihre Kinder zur Schule und holen sie auch ab. Da muss natürlich gezeigt werden, dass man „wüstengerecht" am Weg ist – und dazu gehört nun einmal ein Geländewagen. Wer parkt den größeren, den wüstentauglicheren, den neueren, den schöneren auf dem Platz vor der Schule ein? Einige der Mütter wollen generell zeigen, dass sie gute Mütter sind, und sie bemühen sich, in der Schule aktiv mitzuarbeiten. Sie prüfen sehr genau die Qualität der Lehrer, gehen nicht nur zur Sprechstunde, sondern kümmern sich um vieles andere. Nachdem die Lehrer meist im selben Compound oder in der Nähe leben, ist es für das Lehrpersonal schwer, für die nötige Distanz zu sorgen. Man trifft sich in der Schule, man lebt Haus an Haus, man treibt Fitness im selben Fitnessclub, und man schwimmt im selben Schwimmbad. Man folgt denselben Einladungen meist zu denselben kulturellen Veranstaltungen, und auch beim Friseur trifft man einander wieder. Und wenn man Pech hat, teilt man sich den Ehemann, ohne es zu wissen.

Eine Bekannte, die in einer diesen deutschen Communities lebt, hat es einmal sehr treffend formuliert: Hier hat man notgedrungen ständig mit Menschen zu tun, die man in Deutschland ständig meiden würde. Und man tut dabei so, als würde man sich blendend verstehen. Ich weiß, warum ich dieses „Vereinsleben" von allem Anfang an meide. Wir leben am anderen Ende der Stadt und haben die Jahreskarte für eine andere Hotelanlage, wo wir schwimmen gehen und Tennis spielen. Somit sind wir schon örtlich getrennt, was ich sehr begrüße und genieße.

Eine Familie lebt seit Jahren in Abu Dhabi. Die Kinder besuchten internationale Schulen, lernten mehrere Sprachen und viele Kulturen kennen und machten Matura. Dann war es der Wunsch der ältesten Tochter, in Österreich zu studieren. Im Sommer reiste die Familie nach Wien, um alles zu organisieren. Eine Unterkunft war bald gefunden, die Tochter hatte noch einiges zu erledigen, die Eltern fuhren einstweilen ins Hotel zurück. Eine halbe Stunde später ging das Telefon, am Hörer der völlig verzweifelte 18-jährige Sprössling. Sie war ohne Eltern komplett überfordert. Sie war immer gewohnt gewesen, überallhin gebracht und von überall geholt zu werden. Der „geschützte Rahmen", den die Auslandsschulen boten, war plötzlich weg – das wurde der Familie schlagartig bewusst.

Die Eltern blieben noch einige Tage in Wien, flogen dann aber trotzdem in die Emirate zurück. Es dauerte, aber das Töchterchen wurde selbstständig und lacht heute selbst darüber. Am Beginn aber, so sagt sie selbst, sei der Alltag für sie schwer zu bewältigen gewesen, weil sie nicht gelernt hatte, allein zu sein. Die Kinder in Österreich steigen in den Bus oder in die Straßenbahn und fahren allein in die Schule, zur Musikstunde, zu Freunden. Die Hilfe der Mütter wird im Normalfall kaum gebraucht.

Die in Abu Dhabi aufgewachsene junge Frau erlebte nie derartige Freiheiten. Zu viele berechtigte Gefahren hatten immer irgendwo gelauert. Ausnahmen waren die Besuche bei den Großeltern in Europa. Da hatte sie ihre Selbstständigkeit genossen. Oma und Opa lebten aber auf dem Land und nicht in der Stadt.

Zurück zur deutschen internationalen Schule, genauer zum Weihnachtsbasar. Kleine Buden werden im Schulhof aufgestellt, Waffeln und Kekse gebacken, Schnitzel gegrillt, Bier getrunken, ein Kinderflohmarkt wird organisiert. Zwischen Palmen singen wir Weihnachtslieder und genießen den Abend.

Da beobachte ich eine Mutter, die hinter einer Palme ihr Bier in eine Coladose umleert. Ihrer verblüfften Freundin erklärt sie: „Mein Mann und mein Sohn sind doch Moslems, da kann ich kein Bier trinken. Wo bliebe die Vorbildwirkung?"

Oder der Französischlehrer, der nach den Weihnachtsferien in Deutschland bleiben und nicht mehr nach Abu Dhabi zurückkehren wird. Leben und Schule in den Emiraten haben ihn völlig überfordert. Es ist viel zu heiß – allerdings will er selbst bei 35 Grad nicht auf den Wollpullover mit den aufgenähten Elchen verzichten. Er hat sich schon des Öfteren im Dschungel der Hochhäuser verirrt und sein Wohnhaus nicht mehr gefunden. Zudem kann er sein gewohntes Reinigungsmittel für die Kontaktlinsen nicht kaufen, was ihn letztlich auch verzweifeln ließ. Anfangs waren seine Lehrerkollegen bemüht, ihm zu helfen und ihm den Start zu erleichtern. Leider ohne Erfolg. Die Kollegen hatten den Eindruck, dass er sich gar nicht helfen lassen wollte. In ihren Augen war er in manchen Dingen zu ungeschickt und zu unflexibel. Er war natürlich verärgert, dass man ihm unrecht tat und wurde immer unglücklicher. Vor Weihnachten hat er eine Französischlehrerin aus einer anderen Schule kennengelernt. Letztlich half auch das nichts. Nach dem Weihnachtsurlaub bleibt er in Deutschland – und ist auf die Schule so wütend, dass er nicht einmal die Semesternoten schickt. Der Schuldirektor droht mit Klage, wenn bis zu einem bestimmten Termin die Noten nicht eintreffen sollten. Doch es hilft nichts. Französisch und Geografie, seine beiden Fächer, bleiben unbenotet.

Die Klasse übernimmt die Mutter eines Schülers, eine gebürtige Französin, die in ihrer Jugendzeit, die mittlerweile auch schon eine ganze Weile zurückliegt, einmal ein Praktikum als Lehrerin gemacht hat. Sie bemüht sich sehr, damit am Schulschluss im Sommer jedes Kind zumindest eine Zeugnisnote hat.

Emirati und Saudi

Wenn ich in Dubai aus dem Flugzeug steige, freue ich mich stets auf die ersten Atemzüge. Die Luft hat einen eigenen Geruch – eine warme, feuchte Mischung aus Meeresluft, Salz und Sand, vermischt mit wohlriechenden Ölen. Wenn ich an den Einheimischen vorbeigehe, steigt mir der Geruch der intensiven Parfums und des Sandelholzes in die Nase – und ich war glücklich. Ich mag das Land, die Leute und den Zauber, den es verströmt.

In Saudi Arabien hat mein Mann einen sehr lieben älteren Freund, einen Saudi, der ihm seine Gastfreundschaft anbot. Er war ein hoher Regierungsbeamter und Bürgermeister einer kleinen Stadt. Fast ein Jahr lebte er in dessen Gästehaus, das halbe Jahr zuvor in einem Compound. Gemeinsam mit anderen Bekannten des Freundes machten sie viele Fahrten in die Wüste. Der war als Beduine geboren, und sooft er konnte, verbrachte er seine Zeit im endlosen Sand. Dort war er glücklich und freute sich, seine Begeisterung mit anderen teilen zu können. Die beiden hatten sich über einen gemeinsamen Geschäftspartner kennengelernt.

Eines Tages sind wir bei dem Saudi zum Essen eingeladen und überlegen lang, was mein Mann als Gastgeschenk mitbringen könnte. Durch Zufall erfahren wir, dass der Gastgeber in einer Oase Schafe hält. Also fahren wir auf dem Weg zur Esseneinladung zum Viehmarkt in Riyadh, suchen ein Lamm aus, laden es ins Auto und bringen es mit. Die Freude des Beschenkten ist groß, und wir sind zufrieden ob der Freude, die unser Geschenk macht.

Trotz seiner 60 Jahre ist unser Gastgeber fit wie ein junger Bursche. Er sitzt, wie in Saudi Arabien üblich, am liebsten im Schneidersitz auf dem Boden. Geht das Telefon oder wird er gerufen, schnellt er aus der Sitzhaltung in die Höhe und läuft zu den Rufenden. Meine Versuche, ebenso schnell aus dem Schneidersitz hochzukommen, scheitern kläglich. Umso mehr bewundere ich seine Wendigkeit. In der Wüste ist er schnell wie ein Wiesel und fängt zur Freude der Kinder Heuschrecken.

An einem Abend sitzen wir in seinem Garten, unsere Kinder spielen hinter ihm mit dem Fußball. Ich habe Sorge, dass sie ihn treffen könnten, und verbiete ihnen weiterzuspielen. Er bemerkt sofort, dass ich die Kinder rüge, und versteht auch das Warum. Er lacht mich an, winkt ab und ermutigt die Kinder, das Spiel fortzusetzen. Er sitzt weiterhin mit dem Rücken zu ihnen, und immer, wenn ein Ball in seine Richtung fliegt, schützt er die gefährdete Stelle an seinem Körper im Vorhinein mit seiner Hand. Es ist unglaublich: Er schützt sich richtig, obwohl er nicht sieht, wohin der Ball fliegt – er sitzt ja mit dem Rücken zu den Kindern und ist obendrein in ein Gespräch vertieft. Ich beobachte das Geschehen eine Weile. Unser Gastgeber unterhält sich blendend mit seinem Neffen und lässt sich dabei nicht stören. Es muss der Instinkt sein, der ihn spüren und handeln lässt. Zum Abschied will er meinen Kindern Abbayas und eine Topa schenken und mir die besten Gewürze der Welt mitgeben. Er bittet uns, mit ihm mitzukommen. Wir fahren zu einem Basar, den er in Windeseile durchschreitet, da und dort Kleider begutachtend und – ohne dass er die Größen der Kinder weiß – mit zielsicherem Blick erkennend, ob sie passen oder nicht. Wir probieren die Kleider zu Hause – sie passen wie Maßanfertigungen.

Der liebenswerte Saudi – er selbst hatte zwei Frauen und zwölf Kinder und liebt seine Familie über alles – schenkt mir ein kleines Samtkästchen, drinnen ein Glasflakon, gefüllt mit reinem Sandelholzöl. Eine Kostbarkeit! Ich bewahre es zu Hause gut auf und hole es ab und zu aus dem Samtkästchen und öffne es. Das Öl scheint immer dunkler zu werden, der Duft an Intensität zu gewinnen. Ein Duft, der für europäische Nasen sehr ungewohnt ist. Wenn ich daran schnuppere, kommen die Erinnerungen an Riyadh wieder.

Einmal erzählte er meinem Mann, dass die Handyrechnung für seine Familie – jedes Kind und jede Frau besitzen natürlich mindestens ein Mobiltelefon – monatlich umgerechnet fast zweitausend Euro ausmacht. Er selbst besitzt zwar auch eines, benützt es aber so gut wie nie.

Mindestens einmal im Monat zieht er sich für einige Tage in die Wüste zurück. Nur einen seiner Angestellten nimmt er mit, außerdem zwei Teppiche zum Schlafen und einige Lebensmittel. Die Wüste ist sein wahres Zuhause. Er orientiert sich am Stand der Sonne und des Mondes und an den Sternen. Er liebt das einfache Leben in der Wüste, von dort bezieht er seine Kraft. Dort ist er glücklich.

Einmal, wir waren zu einem Picknick in eine Oase eingeladen, sprang vor uns eine Riesenheuschrecke herum. Unsere Älteste, die gerade erzählt hatte, dass sie Tiere so liebte, erschrak, als das große Tier bei ihr vorbeihüpfte. Unser Gastgeber fing das Tier und brachte es ihr, doch sie wollte es nicht angreifen und in die Hände nehmen. Da fragte er sie: „Wie willst du Tiere lieben, wenn du dich ekelst, sie anzugreifen?" Sprach's und nahm die Schrecke in den Mund. Er nickte und ließ das Geschöpf in die Freiheit. Unsere Tochter war sprachlos und geniert.

Stefan hat sich auch in den Emiraten mit einem Einheimischen angefreundet. Sie hatten einander beim abendlichen Laufen auf der Corniche kennengelernt. Bei Salat und Brot setzten sie in einem libanesischen Lokal das Gespräch fort; es endete im Austausch der Telefonnummern. Abdul Rahman, so sein Name, hatte in Amerika und London viele Jahre studiert und bekleidet in seiner Heimat eine hohe Position. Stefan war bei ihm öfter zum Essen eingeladen; es trafen sich, wie dort üblich, nur die Männer. Eines Tages haben aber auch wir drei Frauen die Ehre, am frühen Nachmittag zum Essen eingeladen zu sein. Abdul lebt in einem Hochhaus in unserer Nähe. Er ist Junggeselle. Seine Familie ermuntert ihn aber schon lang, endlich zu heiraten, und freut sich auf die Hochzeit. Abdul selbst wünscht sich Kinder und hat einen Freund gebeten, seine Frauen mitzunehmen, damit wir Sprechpartnerinnen haben.

Das Hausmädchen bittet uns ins Wohnzimmer und serviert frisch zubereiteten Fruchtcocktail. Der Gastgeber lässt uns ausrichten, wir sollten einstweilen Platz nehmen, er werde sofort kommen. Das Wohnzimmer ist riesig. Die acht Meter lange Fensterfront ist mit dicken, roten Samtvorhängen geschmückt, die mit goldenen Kordeln auf die Seite gebunden sind. Vor den Fenstern stehen üppige Sofas, am Boden liegen dicke Teppiche. Abduls Leidenschaft ist die Musik. An der Wand hängen Gitarren, überall Fotos von den vielen Reisen während seiner Studienzeit. Im Raum duftet es nach Sandelholz, und wir blicken aus den Fenstern hinaus aufs Meer.

Es dauert, bis alle Gäste eintreffen. Es kommen Verwandte und Freunde Abduls. Wir sind fünfzehn Geladene. Auf dem Teppich wird ein großes Tuch ausgebreitet, darauf werden riesige Schüsseln mit Vorspeisen, Reis und Fleisch, mit Gemüse und Früchten gestellt.

Wir essen, wie üblich, mit der rechten Hand, im Schneidersitz auf dem Boden sitzend. Man bietet uns zwar Löffel an, doch wir lehnen dankend ab. Zu sehr haben wir uns schon an das Essen mit den Fingern gewöhnt und mögen das auch. Wir sitzen neben den beiden Frauen. Sie sprechen Französisch, und wir unterhalten uns im Flüsterton. Der Gastgeber fordert uns auf, kräftig zuzugreifen. Es wäre unhöflich abzulehnen, außerdem ist das Mahl köstlich, und wir freuen uns, nachnehmen zu dürfen. Nach den Süßigkeiten waschen sich alle die Hände, und Abdul tröpfelt jedem von uns Eau de Toilette auf die Finger. Er ist ein begeisterter Filmer und führt von ihm gedrehte und geschnittene Videos vor, die er mit Musik untermalt hat. Es sind Szenen aus seiner Studienzeit in Amerika und England. Man sieht ihn in einem Sportwagen den Highway dahinbrausen. Er ist ein schöner Mann, und das weiß er auch. Wie ein Hollywood-Beau passt er zur beeindruckenden Landschaft, sein schauspielerisches Talent ist unschlagbar. Zudem spielt Abdul gern Streiche. „Versteckte Kamera" könnte einige seiner Ideen kopieren.

Es sind lustige Stunden, die wir bei Abdul verbringen. Übersatt gehen wir nach Hause.

Ich erinnere mich an unseren ersten Aufenthalt in Riyadh, der Hauptstadt Saudi Arabiens. Die Einladung war vom Königshaus erfolgt. Wir kamen am Abend am Flughafen an und wurden vom Chauffeur der Prinzessin abgeholt und in unser Quartier gebracht. Von dort aus rief mein Mann seinen saudischen Geschäftspartner, einen renommierten Rechtsanwalt, an und teilte ihm mit, dass er mit seiner Familie in Riyadh angekommen sei. Sofort kündigte der Saudi an, uns eine kleine Stärkung zukommen zu lassen.

Eine Stunde später schleppte sein Chauffeur eine Schüssel in der Größe eines Lastkraftwagenreifens an: Reis in allen Variationen, gebratenes und gedämpftes Gemüse, in verschiedene Soßen eingelegte Eier, darauf ein gebratenes Lamm. Als sich unser Staunen gelegt hatte, begannen wir mit Genuss zu schnabulieren. Obwohl wir einen Riesenhunger hatten und wirklich viel aßen, schafften wir nur einen Bruchteil des Gebotenen.

Mit gutem Essen wurden wir in Saudi Arabien ständig verwöhnt – und in den Emiraten ist das nicht anders. Meine Kinder mochten es, mit vielen Leuten bei Tisch, besser gesagt am Boden sitzend, stundenlang zu essen. Danach konnte man gleich am Kissen einschlafen oder an ein dickes Kissen gelehnt seinen Chai, den gewürzten Schwarztee, trinken.

Ich habe die Freundlichkeit und Gastfreundschaft der Emirati und Saudis kennenlernen dürfen. Auch deren Offenheit und das Interesse an uns. Ich bin dankbar für die schöne Zeit, die ich als Gast in diesen Ländern verbringen durfte.

Fünf-Sterne-Hotels

Fünf-Sterne-Hotels gibt es im Mittleren Osten mehr als genug – eines ist schöner als das andere, und sie wachsen sprichwörtlich wie „Schwämme aus dem Boden".

In der Tourist Club Area, unserem Wohnviertel, finden sich die schon älteren renommierten Hotels von Abu Dhabi. „Alt" und „älter" haben in den Emiraten eine andere Bedeutung als anderswo. Immer wieder muss man sich in Erinnerung rufen, dass es vor vierzig Jahren dort noch nichts gab. Durch Perlentauchen versuchte die bitterarme Bevölkerung das Überleben zu sichern. Die Gelder aus den Ölgeschäften wurden in den ersten Jahren, nachdem die Quellen entdeckt worden waren, im Palast zurückgehalten. Scheich Zayed, der 1964 den Thron übernahm, war ein begnadeter Diplomat mit viel Menschenverstand und unglaublich charismatischer Ausstrahlung. Er hatte lange vor der Thronübernahme die Not der Menschen erkannt, weshalb er, nachdem er die Herrschaft übernommen hatte, Gelder an seine Landsleute regelrecht verschenkte und damit eine unglaubliche Wirtschaftsentwicklung ermöglichte. Er überzeugte durch ausgeprägten Gerechtigkeitssinn und war immer direkter Ansprechpartner für jeden seiner Landsleute. Zayed brachte die erste Krankenschwester nach Abu Dhabi. Die Leute waren bei Schmerzen nicht mehr gezwungen, auf dem Kamel in die Oase Al Ain zu reiten. Zayed baute richtige Häuser, bis dahin gab es nur die Barasti, einfache Lehmhütten. Er öffnete der Weltwirtschaft die Tür – und das mit sehr großem Erfolg. Er ermutigte die Frauen, zur Entwicklung des Landes beizutragen. Durch ihn bekleiden heute einige Frauen höchste Staatsämter. Die Würde des Einzelnen war dem Scheich wichtig. Kamen streitende Parteien zu ihm, fand er eine Lösung, und jeder zog zufrieden von dannen, keiner fühlte sich benachteiligt. Zayed holte Lehrer nach Abu Dhabi und sorgte dafür, dass jeder genug zu essen hatte. Noch heute sprechen die Emirati zu Recht von ihrem „Vater", wenn sie von ihm erzählen.

Der Nationalfeiertag, der 2. Dezember, wird jedes Jahr ausgiebig gefeiert. 1971 wurden die Vereinten Arabischen Emirate gegründet. Sie bestehen aus dem Zusammenschluss von sieben Scheichtümern: Abu Dhabi mit Al Ain, Dubai, Sharjah, Fujairah am Indischen Ozean, Ras al Kaiman, Ajman und Umm al Quain.

Den Nationalfeiertag feiern die gesamten UAE – United Arab Emirates. Die Häuser werden geschmückt, Tausende Lampions erhellen die Corniche. Am Abend fahren die Emiratis mit ihren geschmückten Geländewägen die Prachtstraße entlang, Die Jungen sitzen auf den Dächern der Autos und jubeln. Die Polizei versucht zwar, dem gefährlichen Treiben ein Ende zu setzen, doch die Feststimmung ist zu groß. Der Stau in der Stadt ist unauflösbar, die Freude der Jungen ansteckend. Sie schlagen wie die Beduinen ein Tuch vor das Gesicht, und ihr Tun erinnert an damals – nur sind es statt der Kamele jetzt die Autos, auf denen sie sitzen. Für einige Tage bleiben alle Büros geschlossen. Es wird gefeiert – je ausgelassener desto besser. Scheich Zayeds Geist wird spürbar, und sein Glaube an die Zukunft des Landes ist an diesem Tag sein wahr gewordener Traum. Die Landsleute danken es ihm, so gut sie können.

Damit wird verständlich, warum „alt" in den UAE eine andere Bedeutung hat. Es gibt dort beispielsweise keine antiken Schlösser. Das moderne Leben begann erst vor vier Jahrzehnten, und wenn ein Haus vor zehn Jahren erbaut wurde, ist es bereits alt.

Unser Hochhaus ist zehn Jahre alt – und gilt als alt. Der Stahl im Beton ist durch die starke Luftfeuchtigkeit und den Salzgehalt der Luft stark in Mitleidenschaft gezogen.

Wir wohnen in unmittelbarer Nähe des Meridien Hotels, einem großen, gemütlichen Luxushotel, eines der ersten, die es in Abu Dhabi gab. In den ersten Tagen nach unserer Ankunft mache ich mich auf die Suche nach einer Möglichkeit, um mit den Kindern täglich schwimmen zu gehen. Es gibt einen offiziellen Strand, doch der ist uns zu weit weg gelegen.

Jedes Hotel hat einen privaten Strandzugang und mehrere Schwimmbecken. Meist gibt es auch Tennisplätze und Wellnessbereiche. Es werden Fitnesstunden angeboten und Beach-Volleyball-Turniere. Was für die Hausgäste natürlich selbstverständlich zur Benützung zur Verfügung steht, kann von Außenstehenden gegen Eintritt genützt werden.

Auf meinen Erkundungstouren durch unser Viertel entdeckte ich das Meridien Hotel. Es ist nur ein paar Minuten von uns entfernt, und ich beschloss, das Angebot einer Familien-Jahreskarte zu nutzen. Der Preis ist hoch, aber die Investition rentiert sich. Ein sauberer Prachtstrand mit Liegestühlen wird uns geboten; zwei große Schwimmbäder sind in die Wiese eingebettet, in einem Schwimmbad ist eine riesige Steingrotte samt kleinem Wasserfall eingebaut. Wir können jederzeit den hoteleigenen Tennisplatz nutzen, die Beach-Volleyball-Anlage ebenso. Es gibt einen großen Wellnessbereich mit einem türkischen Dampfbad, einem riesigen Whirlpool und mehreren Massageräumen. Ayurveda ist das Zauberwort, nach Terminabsprache kann jederzeit ein indischer Masseur gebucht werden. Für Frauen steht eine Masseurin zur Verfügung.

Das Hotel verfügt außerdem über ein großes Fitnessstudio mit Blick auf das Schwimmbad. Auch dieses steht uns jederzeit zur Verfügung. Badetücher, Saunatücher und Handtücher darf man sich beliebig oft nehmen; nach Benützung wirft man alles einfach in den großen Hotelwäschekorb.

Der Großteil unseres Lebens spielt sich im Meridien ab. Die Kinder finden dort mit der Zeit Freunde. Es sind meistens dieselben Familien, die ihre Freizeit in dieser Anlage verbringen. Hat man die Jahreskarte gekauft, geht man natürlich dorthin.

Meine Kinder entdecken bald, dass das Essen dort ausgezeichnet ist. Sie sitzen dann unter den Palmen am Strand und genießen im Sonnenuntergang den Service der kleinen Poolbar. Am liebsten aber essen wir die Mezzehs, die arabischen Vorspeisen mit dem warmen Fladenbrot.

Einer unserer Lieblingsorte im Meridien ist die kleine Brücke im Garten, die über einen kleinen, künstlichen Bach führt.

Wunderschöne Fische in allen Farben, große und kleine, und Wasserschildkröten bevölkern das Bächlein. Wir beobachten die rührende Freundschaft zwischen einem Goldfisch und einer kleinen Wasserschildkröte. Stundenlang schwimmen die beiden einander nach, überholen sich gegenseitig und spielen miteinander Verstecken zwischen den Steinen. Der erste Weg meiner Kinder jeden Tag führt sie zur Brücke, um Nachschau zu halten, ob die beiden schwimmenden Freunde noch da sind.

Das Meridien Hotel zeichnet sich durch freundliche Mitarbeiter aus. Durch den täglichen Besuch lernt man sich gegenseitig natürlich besser kennen und weiß um den Alltag des anderen. Lebensgeschichten werden ausgetauscht – und mit der Zeit entwickelt sich das Gefühl, dort zu Hause zu sein.

GELD

Geld ist *das* Thema in Dubai! Minütlich wechseln Millionen von Dirham den Besitzer. Vom Geld lebt Dubai. Geld ist der Atem, der den Riesen am Leben erhält, Geld gibt ihm die Nahrung zu seinem rasanten Wachstum. War es zuerst Abu Dhabi, das mit viel Geld Dubai zum Wachsen verhalf, so tut dies heute der Rest der Welt.

Wer nach einer Arbeit sucht – in Dubai wird er sie finden. Und so absurd kann eine Idee gar nicht sein, als dass sie nicht auf fruchtbaren Boden fiele. Da ist zum Beispiel die ehemalige Stewardess, die jetzt für gestresste Menschen einkaufen geht oder Geschenke besorgt. Und ihr Business als „shopping lady" läuft mehr als gut. Wer keine Zeit hat, das Geld selbst auszugeben, schickt eben andere zum Einkaufen! Da gibt es – Beispiel zwei – die Idee, im Urlaub einen absoluten „Kick" zu buchen: „Buddeln Sie selbst nach Erdöl!" Die geniale Idee eines jungen Teams. Alles für die Erdölsuche ist in Miniaturformat hergestellt. Statt eines Bohrturms von 30 Meter Höhe bauen die Teilnehmer des Camps einen kleineren, etwa drei Meter hohen auf. Interessierte werden im Hotel abgeholt und im Geländewagen zum Camp in die Wüste gefahren. Mit anderen Urlaubern, die man vorher nicht kannte, beginnt man unter professioneller Anleitung nach „Erdöl" zu bohren. Unter den Fremden entsteht so etwas wie Teamgeist. Man schaufelt und buddelt, man baut den Ölturm auf, man flucht gemeinsam, man leidet gemeinsam. Aber alle Anstrengungen und Mühen sind vergessen, sobald man auf „Erdöl" gestoßen ist! Die Freude ist riesig! Erschöpft und ausgelaugt kehren die Touristen ins Hotel zurück. Team- und Erfolgserlebnis bleiben noch lange in Erinnerung.

Da sind auch die vielen Ehefrauen der dort arbeitenden „Expads", die versuchen, sich sinnvoll zu betätigen. Sie sind es hauptsächlich, die mit viel Engagement für die bunte Viel-

falt des Alltags sorgen. Ihre Hobbys werden oft zu beruflichen Haupttätigkeiten – ob es Quilten, Malen, Basteln, Schmuck Herstellen, Schneidern, Postkarten Designen, Blumen Stecken, Modeschmuck selbst Herstellen oder dergleichen ist. Sie bieten anderen die Möglichkeit zu lernen. Und das Angebot wird angenommen.

Für Frauen können die Tage im Mittleren Osten oft lang werden. Das Sportangebot ist durch die hohen Temperaturen nicht sehr groß. Golf und Tennis bieten sich als Freizeitangebot an. Die meisten Frauen kommen zum ersten Mal mit diesen Sportarten in Berührung, weil sie in Dubai viel preisgünstiger sind als zum Beispiel in Österreich oder Deutschland.

Sport macht Spaß, reicht für die Selbstbestätigung auf Dauer jedoch nicht aus. Man möchte Anerkennung auch von „außen". Die beruflich meist sehr engagierten Ehemänner sind kaum zu Hause, die Kinder fast den ganzen Tag in der Schule. Sinnvolles zu machen ist schwierig. Eine Frau in Riyadh hat mir erzählt, dass sie sich aus Langeweile entschlossen habe, sich einer Gruppe quiltender Frauen anzuschließen. In Deutschland hätte sie dies wohl nie getan, denn handarbeiten war ihr bis dahin stets ein Greuel gewesen. Aber siehe da! Sie entdeckte ein bisher schlafendes Talent an sich. Die Tätigkeit begann ihr Spaß zu machen. Seit fünfzehn Jahren stellt sie wunderschöne Decken her, und jedes Jahr, wenn sie im Sommer nach Hause nach Deutschland fährt, nimmt sie die Decken und Wandbehänge mit und stellt die handgefertigten Kunstwerke aus.

Zurück zum Geld. Es wird wohl kaum mehr gelogen, als wenn es um das Gehalt und den Verdienst des Einzelnen in den Emiraten geht. Vor Jahrzehnten war es noch möglich, im Mittleren Osten reich zu werden. Es hieß: Nach einem Jahr Arbeit dort kannst du dir in Europa locker einen Porsche leisten. Das stimmt heute so nicht mehr. Die Saudi und Emiratis überlegen genau, mit wem sie Geschäfte tätigen wollen und mit wem nicht.

Aber auch europäische Firmen wissen nicht unbedingt immer, ob die Wahl des Managers ihres Vertrauens auf die richtige Person gefallen ist. Nehmen wir ein Beispiel: Eine Firma sucht einen Mitarbeiter, der für drei Jahre nach Dubai oder Abu Dhabi geht. Die meisten Verträge laufen für drei Jahre, die Möglichkeit der Verlängerung um ein Jahr ist meist inkludiert. Was der Mitarbeiter dort gestellt bekommt, ist Vereinbarungssache. Entweder er bekommt eine fixe Summe, die relativ hoch ist – von der muss sich der Mitarbeiter Miete, Auto, Kinderbetreuung und Schulen für die Kinder selbst bezahlen. Die andere Variante ist, dass die Firma bestimmte Beträge für die Miete, den (meist geleasten) Firmenwagen und für den Aufwand für die Kinder in Schule oder Kindergarten übernimmt. Die von der Firma bezahlten Heimflüge für sich und die Familie werden auch individuell vereinbart. Meist ist das ein Hin- und Rückflug pro Jahr. Der Mitarbeiter bekommt das vereinbarte Gehalt und muss alle Mehrkosten selbst tragen.

Nun ist es nötig zu wissen, dass die Preise in den Emiraten anders sind als zum Beispiel in Österreich. Für unsere drei Kinder betrug das Schulgeld für ein (fünf Monate dauerndes) Semester umgerechnet 12.000 Euro (inklusive einer Kaution, die zurückerstattet wird). Die Miete zahlt man in den Emiraten für ein Jahr im Voraus – auch kein Pappenstiel, wenn man bedenkt, dass für eine „günstige" Wohnung monatlich 2.000 Euro und mehr gefordert werden, für ein Haus sind monatlich mindestens 3.500 Euro locker zu machen. Man legt für eine Wohnung also mindestens 24.000 Euro, für ein Haus gar 42.000 Euro pro Jahr hin. Die Höhe der Miete orientiert sich übrigens nicht – wie in Europa – an der Quadratmeteranzahl, sondern nach den vorhandenen „Bedrooms", der Anzahl der Schlafzimmer.

Wie oben ausgeführt, geben manche Firmen nur in der Höhe vereinbarte Zuschüsse. Deckt der Zuschuss die Mietkosten nicht zur Gänze ab, zahlt man den Rest aus der eigenen Tasche. Das Gleiche gilt beim Schulgeld. Manche Schulen sind sehr teuer, andere günstiger. Die Aufzahlung des Schulgelds bei einem Schulwechsel in eine teurere Schule berappt meist nicht die Firma, sondern geht ebenfalls zu Lasten der eigenen Tasche. Sie sehen, wenn man nun nicht nur im Sommer, sondern auch zu Weihnachten nach Hause fliegen möchte, ist der Flug meist auch selbst zu zahlen. Das alles summiert sich mit der Zeit.

Ich will ein Beispiel nennen: Ein deutscher Bekannter konnte sein Glück kaum fassen. Eine Fusion aus drei renommierten Firmen nahm ihn für Dubai unter Vertrag. Er hatte eine große Familie und wollte für viele Jahre dorthin übersiedeln. Das Gehalt schien ihm überirdisch – 10.500 Euro im Monat. Er suchte und fand eine Villa mit genügend Platz und Schwimmbad. Ein Luxus, der dort keiner ist bei der großen Hitze. Schön sollte es seine Familie haben, und an nichts sollte es allen fehlen. Die Schule und der Kindergarten waren auch in der Nähe. Der Tag rückte näher, und er holte die Seinen vom Flughafen ab. Die Wohnung in Deutschland hatte seine Frau aufgelöst, alles Hab und Gut sollte im Container bald nachgeliefert werden.

Zwei Monate nach der Übersiedlung in ihr neues Zuhause waren wir zum Nachmittagskaffee eingeladen. Wir fuhren nach Dubai und bewunderten den eindrucksvollen schönen, neuen Compound. Die Villen hatten venezianischen Charakter, breite Straßen führten zu edlen Behausungen, inmitten des riesigen, künstlich angelegten Teichs ein großzügiger Springbrunnen.

Der Compound war zwar fast zur Gänze vermietet, eingezogen waren aber erst wenige Mieter. Rundum waren noch Arbeiter am Werken, und der Wüstensand bedeckte die Planen, unter denen Ziegel und Ähnliches lagerten.

Die Gastgeber zeigten uns voller Stolz ihr neues Heim. Eine fünf Meter hohe Fensterfront im Wohnzimmer, eine Galerie im ersten Stock, ein Schwimmbad, drei Badezimmer und so weiter und so fort. Allerdings, so stellten sie fest, sei alles, was man brauche, ziemlich teuer. Sie hatten zwei neue Geländewägen angeschafft, einer sogar mit sieben Sitzen, sie waren ja eine große Familie; trotz der Steuerersparnis – die Emirate sind ja steuerfrei – kämen die Leasingraten für beide Wagen ziemlich teuer. Was ihnen allerdings sehr gut gefiel, war die Sitzgarnitur für die Terrasse, farblich passend zur Wüste, die Polsterbezüge passend zum Blau des Schwimmbads. Aber Designerstücke haben ihren Preis – 10.000 Euro waren dann doch zu teuer.

Immer wieder kam Besuch aus der Heimat, da wurde natürlich viel gefeiert. Der Hausherr konnte von zu Hause aus arbeiten; wir hatten nicht den Eindruck, dass er sich dabei überanstrengte. Er war zu dem Zeitpunkt noch überzeugt, dass die Aufträge, die er „an der Angel hatte", kommen würden. Das Ausgeben des Geldes nahm ihn sichtlich in Beschlag. „Naja, bei diesem Monatsgehalt", dachte er, „ist eben vieles möglich." Beim Verabschieden stand er grübelnd vor unserem 5er BMW. Er hätte auch gern einen „standesgemäßen" Wagen, meinte er und schielte neidisch auf unser Auto.

Mein Mann, der zu dieser Zeit schon zwei Jahre im Mittleren Osten lebte, hatte sich lang nach einem fahrbaren Untersatz umgesehen; er wollte ein „sicheres" Auto. In Saudi Arabien fuhr er Tausende Kilometer durch die Wüste, fuhr von Riyadh nach Bachrain und Quatar, fuhr bis in den Oman, und das anfangs noch mit sehr bescheidenen Fahrzeugen. Für seinen Entdeckergeist hatte mein Mann von seinen Freunden in Saudi Arabien den Namen „Stefan von Arabien" bekommen – in Anlehnung an „Lawrence von Arabien", der auch die Wüste durchquert und in der Wüste sein Zuhause gefunden hatte. Als mein Mann nach Abu Dhabi übersiedelte, bot ihm ein Scheich das Auto seiner Frau an. Es war der fünfte Wagen in seiner Garage, kaum gefahren, ein schnittiger, silberner 5er BMW. Des Scheichs Gattin wollte das neue Modell, das eben auf den Markt gekommen war.

Luxuswagen sind die größte Leidenschaft der Emiratis. Weltweit stellen Autoproduzenten eigene Kreationen für die Emirate her – mit Ausstattungen, die in Europa unbezahlbar wären. Die Innenausstattung aus Leder ist das Mindeste, was von den Emiratis erwartet wird.

Wer würde sich in Europa einen Geländewagen kaufen, der im Schnitt 16 Liter Sprit braucht und in der Wüste fast 35 Liter? Das ist in den UAE und in Saudi Arabien nur möglich, weil der Treibstoff sehr billig ist.

Zurück zu unserem Auto. Es hatte Lederbezüge, Lederlenkrad, Fernseher, Schiebedach und dergleichen. Dazu kam, dass es uns der Scheich zu einem wirklichen Freundschaftspreis überlassen hatte.

Immer noch schielte unser Bekannter neidisch auf das Auto und kalkulierte, wann er auf diese renommierte Marke umsteigen würde.

Zwei Monate später trafen wir, knapp vor Weihnachten, die Bekannten wieder. 10.500 Euro monatlich seien nicht wirklich viel Geld, war die erste Ansage. Das Geld war also knapp geworden, und die erhofften Geschäftsabschlüsse waren nicht zustande gekommen. Unsere Kinder, die sich an unser bescheidenes Domizil in Abu Dhabi gewöhnt hatten, hörten interessiert zu. Sie kannten unsere Einstellung – trotz des Lebens im Luxus muss man versuchen, rundherum am Boden bleiben. Mit Bescheidenheit und vorsichtigem Umgang mit Geld kommt man erfahrungsgemäß am Weitesten.

Interessiert hörten wir den finanziellen Ausführungen der Familie zu. Auf jeden Fall, so das Resümee, würden sie jetzt einmal in Ruhe nach Hause fliegen, den Winterurlaub genießen und erst im Jänner wiederkommen. Den Flug mussten sie selbst bezahlen. Aber bei dem Gehalt kann man sich die budgetierten 5.000 Euro für den Heimflug schon leisten. Inkludiert bei der Summe sind natürlich die Geschenke, denn sie wollen ja nicht kleinlich sein.

Nach der Rückkehr bat der Bekannte meinen Mann das erste Mal, ihm Geld zu leihen. Die Aufträge wollten nicht richtig kommen. Vielleicht, so meinte er, hatte Stefan doch recht gehabt damit, dass man klein beginnen müsse. Er fragte sich, ob er vielleicht zu viel Geld ausgegeben hätte. Die Frage stellte er sich zu spät, denn die renommierte Firma wollte ihm bereits kein Gehalt mehr auszahlen. Zu viel hatte er schon investiert – und keinen einzigen Auftrag eingefahren. Er war immer noch überzeugt, ein begnadeter Manager zu sein. Schuld an dem Dilemma waren seiner Meinung nach nur die anderen. Die Firma etwa, die nicht verstand, dass es nötig gewesen war, fast 40.000 Euro in einen Showroom zu stecken. Dass er kaum arbeitete, weil es daheim gemütlich war, sah er nicht.

Seine Frau erklärte mir des Langen und Breiten die Beweggründe für die Anstellung einer Hausmaid, die bei ihnen wohnen sollte. Sie hatte mehrere Kinder geboren und müsse nun auf sich selbst schauen. Was hätten die Kinder von einer schwitzenden, müden Mutter, die das riesige Haus selber in Schuss hielt und sich nicht auf die Sorgen der Kinderchen konzentriere? Und dass man einen pakistanischen Gärtner anstellt, der das bisschen Wüste um den Pool begrünt, sei kein Luxus. Man müsse auch Arbeiten abgeben, delegieren können, war ihr Resümee. Auch ich sollte an meiner Einstellung arbeiten, meinte sie. Mein Motto – „Selbst ist die Frau" – sei wirklich längst überholt.

Offensichtlich war auch ihr der „vermeintliche" Geldsegen ordentlich zu Kopf gestiegen. Wusste sie, dass ihr Mann gerade meinen Mann um Hilfe anpumpte? Die Weisheit „Wer hoch steigt, fällt tief" bewahrheitete sich auch diesmal. Während ich den Haushalt immer noch selbst führte, die Palmen auf der Terrasse selbst goss, mussten die Bekannten die Koffer packen. Was sie in Dubai zurückließen, war ein riesiger Schuldenberg.

Das Beispiel dieses Managers ist kein Einzelfall. Die Gefahr, die „Bodenhaftung" zu verlieren, ist groß für Ausländer, die erstmals in den Emiraten sind. Reichtum und Prunk sind für unsere Augen ungewohnt und verlocken dazu zuzugreifen, mitzumachen und sich mittreiben zu lassen. Aber wer hat schon zu Hause eine kleine Ölquelle, mit der sich der Luxus finanzieren lässt?

Nach meiner Rückkehr aus dem Mittleren Osten habe ich meine eigene, kleine Unternehmensberatung gegründet. Ich hatte schon vor meiner Übersiedlung in den Mittleren Osten Seminare für Wirtschaftstraining und Umgangsformentraining abgehalten. Jetzt nahm ich den Mittleren Osten als Spezifikation dazu.

Ich sehe mich als Anlaufstelle für alle, die auf begrenzte Zeit in den Mittleren Osten übersiedeln wollen. Ich helfe, den Alltag zu unterstützen. Ich versuche, die arabische Geschäftskultur zu erklären, das Handeln des arabischen Geschäftspartners besser verständlich zu machen. Ich möchte Manager und deren Familien im Mittleren Osten betreuen und eine neutrale Instanz

zwischen Firma und entsandtem Arbeitnehmer sein. „Vorsicht ist besser als Nachsicht." Zu schnell verlieren die Leute den Boden unter den Füßen bei all dem Luxus. Die Erdölländer sind Traumwelten, aber Scheinwelten.

Zudem biete ich Seminare für „good behaviour" – für gutes Benehmen an. Im Ausland repräsentiert man immer das eigene Land. Nicht nur, dass wir die ausländischen Sitten und Gebräuche kennen und respektieren sollen, wenn wir im Ausland leben. Genauso wichtig ist, dass wir unsere eigene Kultur, unsere Gebräuche und unsere Sitten repräsentieren. Gute Manieren sind der Ausdruck davon, gutes Benehmen ein Zeichen des Respekts vor dem anderen. Wie man selbst behandelt werden will, soll man sein Gegenüber behandeln. Und dafür gibt es eben gewisse „Spielregeln", die „social good manners" eben, die guten Manieren.

Es sind oft die menschlichen Schwächen, die große Projekte, Ziele und Träume zum Einsturz bringen – schade für den Arbeitnehmer und für den Arbeitgeber, der, bis er den Schaden bemerkt, schon viel Geld verloren hat.

Hochhäuser

Hochhäuser haben mich bisher nicht interessiert. Ich finde sie nicht schön, und die Leute tun mir leid, die in einem solchen Betonturm leben müssen. Riesig, anonym, verwahrlost und alles andere als erstrebenswert, so stelle ich mir ein Leben in solchen Stahlbetonungetümen vor.

In Abu Dhabi werde ich rasch eines Besseren belehrt. Hochhäuser können Kunst sein, können schön sein – zumindest wenn man so viel Geld dafür ausgeben kann wie in Abu Dhabi. Und da muss ich wieder auf meine geliebte Corniche, die berühmte Küstenstraße, zu sprechen kommen.

Dort läuft ein regelrechter Wettbewerb um das schönste Hochhaus. Alles an den Hochhäusern ist bestechend schön: die Formen, die Verglasungen, das Spiel der Kulturen durch die Vermischung mit arabischen Elementen, die prunkvollen Eingänge. Es ist wie auf dem Laufsteg: Wer hat das schönste Kleid, in diesem Fall die schönste Fassade?

Im Abendrot durch die Tourist-Club-Area zu gehen, ist ein Spektakel an Formen und Farben. Der Hochhausdschungel steht in oranges Licht getaucht; vermischt mit dem abendlichen Ruf des Muezzins kommt eine eigene Stimmung auf. Scheich Zayed hat ein Gesetz erlassen, das besagt, dass in Abu Dhabi kein Gläubiger mehr als 400 Meter Wegstrecke zur nächst gelegenen Moschee haben dürfe. Deshalb gibt es in Abu Dhabi so viele Moscheen, hübsche, weiße Gebetshäuser, die zwischen den Hochhäusern die Ruhe einer Oase ausstrahlen.

Die Straßen sind extrem gepflegt. Neben unserem Haus ist noch ein großes Stück Sandboden, ein vergessenes Stück Wüste, Erinnerung daran, wo wir eigentlich leben, und ein Zeichen, dass der rasante Aufbau noch nicht alles zugedeckt hat. Ich mag es, wenn im Winter ein starker Sturm den Sand aufwirbelt und als gelbe Wolken zum Himmel steigen lässt. Die Autos, die daneben oder darauf parken, sind – mit Morgentau vermischt – gelb verfärbt, die Windschutzscheiben geschlossen.

Und dabei ist das mit dem Autoputzen auch so eine Sache. Unerlaubte Regeln gibt es in Abu Dhabi viele. Eine davon ist das Waschen des Autos. Die Pakistani, die sehr wenig verdienen und zur armen Bevölkerungsschicht zählen, versuchen mit dem Waschen von Autos Geld zu verdienen. Die Rechnung ist folgende, zehn Mal im Monat waschen sie das Auto von außen gründlich und verlangen dafür umgerechnet 25 Euro. Das Auto wird in der Nacht oder am sehr frühen Morgen gewaschen. Offiziell ist das natürlich verboten, aber jeder weiß davon, und jeder nimmt den Dienst gern in Anspruch. Nur nicht erwischen lassen darf man sich, deshalb wird die Reinigung am frühen Morgen vorgenommen.

Die Regierung drückt ein großes Auge zu, und manche Polizeistreife übersieht den Putzkübel, der in der Eile des Davonlaufens stehen geblieben ist.

Wir haben uns immer wieder nach einer anderen Wohnung oder nach einem Haus umgesehen. Vor allem Morena, die mittlere Tochter, ist rasch ein Profi geworden im Entdecken leer stehender Wohneinheiten, die zur Vermietung ausgeschrieben sind. Üblich ist, einfach ein großes Schild vor das leere Haus zu stellen mit der Aufschrift „to let", darunter steht die Telefonnummer der Kontaktperson. An den Hochhäusern hängen Transparente desselben Inhalts. So weiß man im Vorbeifahren, wo etwas gemietet werden kann.

Die Immobilienbüros schießen wie Unkraut aus dem Boden. Verständlich, denn Abu Dhabi ist einem extremen Wachstumsprozess ausgesetzt, und die Expads wollen ihr neues Heim unkompliziert schon von zu Hause aus organisiert wissen.

Morena weiß so ziemlich über jedes Haus Bescheid, das in Abu Dhabi zu vermieten ist. Oft rufen wir den jeweiligen Besitzer an und treffen uns mit ihm, um das Haus oder die Wohnung anzusehen. In den letzten Jahren sind die Preise für das Wohnen extrem gestiegen. Für eine Villa muss man mit einer Jahresmiete von 50.000 Euro rechnen – zahlbar natürlich ein Jahr im Voraus.

In der Nähe unserer Wohnung steht gegenüber dem Sheraton Hotel ein schönes Hochhaus, das Morena gut gefällt. Eines Tages hängt ein Schild heraußen: „appartments to let".

Wir fahren gleich nach der Schule hin und läuten nach dem Hausmeister. Die Wohnung liegt im sechsten Stock. Der Blick geht über Lulu Island, die vorgelagerte, künstliche Insel an der Corniche, auf das Meer hinaus. Es gibt fünf Schlafzimmer, drei Badezimmer, zwei Wohnzimmer und ein Zimmer für das Hausmädchen.

Wir schauen uns das Zimmer für die Housemaid an. Es ist ein winziger, dunkler Raum; ein Bett und ein kleiner Kasten haben Platz. Das Fenster ist zwar zu öffnen, geht aber in den Lüftungsschacht hinaus. An ein Lüften ist nicht zu denken, weil alle Gerüche in den Schacht geleitet werden. Das kleine Badezimmer nebenan mit Dusche und WC gehört ebenfalls zum Reich der Maid. Der Hausmeister ist begeistert von dem Zimmer und meint, jedes Hausmädchen würde sich freuen, so ein schönes Zimmer zu bekommen, und er wüsste auch eine passende Hilfe für uns. Unter welchen Umständen wohnen andere Hausmädchen, schießt es mir durch den Kopf. In Abu Dhabi leben über 80 Prozent Ausländer aus aller Welt, fast alle haben eine Maid angestellt. Und wenn dieses dunkle, armselige Loch luxuriös ist, wie leben dann die anderen? In der eigenen Heimat, in Europa also oder anderswo, gibt man sich sozial, in Abu Dhabi, wo man lebt und arbeitet, übt man sich hingegen in moderner Sklavenhaltung?

Der Hausmeister redet weiter auf uns ein. Das Hausmädchen, das er uns zu vermitteln gedenke, sei billig und mache alle Arbeiten. Mir reicht es. Ich habe genug gehört und bedanke mich mit einem Trinkgeld für das Zeigen der Wohnung, ziehe meine Kinder aus dem Appartement, und wir fahren mit dem Lift ins Erdgeschoß. Dort treffen wir den Besitzer des Hauses. Nur 45.000 Euro würde uns die Wohnung im Jahr kosten, ein kleiner Rabatt sei möglich. Im Haus würden fast ausschließlich Europäer wohnen, und alle seien mehr als zufrieden.

Eine Hausmaid, nicht älter als 18 Jahre, kommt mit vielen Einkaufstaschen den Aufgang herauf, vor sich die zwei Kinder ihres Arbeitgebers und deren Freunde, die ihr die Tür vor der Nase zuschlagen und ihr die Zunge zeigen. Das Hausmädchen blickt geduldig zu Boden, stellt die schweren Taschen ab und sucht in der Tasche nach dem Schlüssel. Die Jungs rennen inzwischen zum Aufzug und fahren los.

Wir beobachten die Szene, während wir in unser Auto einsteigen, kommentarlos fahren wir nach Hause und parken vor unserem bescheidenen Domizil. Vor dem Haus sitzen wie immer der Hausmeister und ein im Haus lebender Ägypter, der sechs Kinder hat. „Allah hat sie uns geschenkt", ruft er jedes Mal lachend, wenn er seine temperamentvolle Kinderschar vollzählig um sich hat. Weil mit einem großen Kindersegen große finanzielle Belastungen verbunden sind, hat er selbst nie auf einen so großen Kindersegen gehofft. Jeden Nachmittag spielen seine vier Buben vor dem Haus auf der Straße Fußball – barfuß. Der stolze Vater sitzt auf der Bank und passt auf sie auf. Es dauert nie lang, und andere Männer gesellen sich zu ihm. Tee wird geholt, das Neueste vom Tag besprochen. Der Ägypter vermietet in seiner Wohnung zwei Zimmer und verdient sich auf diese Weise ein kleines Zubrot. Aber er ist glücklich und rundum zufrieden mit seinem Leben.

Unser Hausmeister ist ein ausgesprochen ordentlicher Mann, der das Haus stets sauber hält. Niemand im Haus hätte sich getraut, Kaugummipapierchen oder anderes zu Boden zu werfen. Er hat stets im Auge, was im und rund ums Haus geschieht. Der Ägypter und der Hausmeister begrüßen uns höflich nickend.

Im Lift begegnen wir der kleinen Katze, einem schlauen Kerlchen, das fast den ganzen Tag im Lift auf und ab fährt und genau weiß, in welchen Stockwerken Milch und Futter vor den Türen zu finden sind.

Als wir den Lift verlassen, flattern uns zwei kleine, bunte Hühner entgegen. Gegenüber von uns ist eine ägyptische Familie neu eingezogen. Sicher haben die beiden kleinen Töchter das gefärbte Federvieh geschenkt bekommen. Die Wohnung nebenan ist klein wie die unsere. Die Nachbarn haben den neuen Küchenherd mit dem Backrohr deshalb ins Stiegenhaus gestellt. Und wie so oft duftet es auch heute nach Kuchen und Zimt.

Ich sperre die Wohnungstür auf und gehe auf die Terrasse. In dem Moment beginnt der Muezzin den Ruf zum Gebet. Ich atme durch. Wir leben wirklich dort, wo sich das wahre Leben abspielt. Diese Herzlichkeit, diese Fröhlichkeit, dieses Miteinander der Nachbarn in diesem Haus – das ist es, das ich so mag. Wir möchten dieses nicht mit luxuriösen Wohnungen tauschen.

Mein Mann ist fast immer auf Reisen, fliegt meist „business class" und hat deshalb selten Zeit, sich um das Schulische seiner Kinder zu kümmern. So sind wir natürlich Ziel für Spekulationen. Warum kennt mein Mann so manchen Prinzen und Scheich? Eine der führenden Zeitschriften bezeichnete uns sogar als VIPs. Über die Kinder versucht man Informationen zu bekommen, doch auch die sind, was unser Wohnen in Abu betrifft, nicht sehr gesprächig.

Im April, an einem Tag wie jeder andere, warte ich in der Früh im Auto auf die Kinder, um sie in die Schule zu bringen. Wie üblich brauchen sie wieder ewig. Während ich mich zu ärgern beginne, kommen sie mit einem anderen Mädchen angelaufen. Und dann erzählen sie aufgeregt Folgendes: Sie hätten den Lift gerufen, seien eingestiegen, zwei Stockwerke tiefer hätte sich die Tür geöffnet, und vor ihnen seien eine neue Mitschülerin aus der deutschen internationalen Schule und deren Mutter gestanden. Die sind aus Deutschland, die Tochter erst zwei Wochen in Abu Dhabi – genauso lange besucht das Mädchen schon die Schule.

„Was! Ihr lebt auch in diesem Haus?" Das Mädchen ist überrascht. Es hat niemandem erzählt, wo es wohnte, nachdem es gesehen hatte, in welchem Luxus die neuen Klassenkameraden leben. Auch meine Kinder sind perplex, aber sie freuen sich. Die Mutter stellt sich vor. Sie ist als Verwalterin in einem Krankenhaus in Abu Dhabi tätig und hat für sich und ihre Tochter bei einer ägyptischen Familie in unserem Haus ein Zimmer gemietet. Für mehr reicht das Einkommen einstweilen nicht, weil sie die Schule aus der eigenen Tasche zahlen muss.

In den Osterferien besucht uns die beste Freundin von Alice. Wir haben Bedenken, sie könnte in unserer Wohnung Platzangst bekommen. Aber ganz im Gegenteil! Es gefällt ihr so gut, dass sie gern noch länger bleiben möchte. Sie findet unsere Wohnung urgemütlich – eine Feststellung, die mich sehr freut.

*

Vor unserer Rückreise nach Europa war der Bruder des Hausmeisters für zwei Monate zu seiner Familie nach Pakistan gefahren. Er wusste nichts von unserer Abreise, und wir konnten uns nur von Mohamed verabschieden. Stefan bat ihn, seinen Bruder von uns zu grüßen.

Zwei Wochen später läutete in Österreich das Handy. Mohameds Bruder hatte von unserer überraschenden Abreise erfahren. Er wünschte uns für die Zukunft alles Gute. Unsere Freude über den Anruf war unbeschreiblich groß. Er, der so wenig Geld hatte und so bescheiden lebte, rief uns in Österreich an! Es kostete ihn sicher eine volle Telefonwertkarte. Wir waren zutiefst gerührt. Sein Anruf wird sicher eine unserer kostbarsten Erinnerungen an Abu Dhabi bleiben.

Ideen und Idealisten

Mit viel Bemühen und viel Idealismus werden im täglichen Alltag viele Ideen der Expats umgesetzt. Ein besonderer Idealismus ist bei den Gladies festzustellen. Die Gladies sind eine seit 1995 bestehende Gruppe deutschsprachiger Frauen, die in Abu Dhabi zu Hause sind. Im Vordergrund stehen das Einander-Kennenlernen, das Pflegen gemeinsamer Interessen und der Wunsch, Land und Leute besser kennenzulernen. Das Organisationsteam, alles bemühte Damen, arbeitet ehrenamtlich. Es gibt eine Homepage und das monatliche Mitteilungsblatt. Das Programm wird mit viel Liebe zusammengestellt, die Treffen bestens organisiert. An dieser Stelle sei dem bemühten Gladies-Team, das mit viel Idealismus und Herzlichkeit die Gemeinschaft zusammenhält, ein herzliches Dankeschön gesagt. Für Neuankömmlinge ist es der ideale Rahmen, um die deutschsprachige Gemeinschaft in Abu Dhabi zu beschnuppern.

Gern nehme ich die monatlichen Treffen zum Coffee-Morning wahr. Als bestens gelungener Abend wird mir die Gala zum zehnjährigen Bestehen der Gladies in Erinnerung bleiben. Im Festsaal, dem „Ball-Room" des Hilton Hotels, findet ein abwechslungsreicher Abend statt. Alle Mitglieder haben die Einladung gern angenommen. Das mehrgängige Menü spart nicht mit Köstlichkeiten, sogar die Begründerin der deutschen Frauengemeinschaft in Abu Dhabi wird eingeflogen. Von ihr hören wir großartige Erzählungen, sie erzählt vom Beginn ihres Lebens in Abu Dhabi vor 35 Jahren und von ihrer Suche nach anderen Frauen – es gab keine. War sie die Einzige? Ihre Berichte sind spannend und ergreifend.

Ich finde wichtig, dass die wenigen ausländischen Zeitzeugen ihre Erlebnisse erzählen und ihnen die Plattform dafür gegeben wird. In welchem Land der Erde gibt es einen derart extremen Entwicklungsboom? Wo wurde so bedacht und vorausschauend für die Zukunft geplant wie in den Vereinigten Arabischen Emiraten? Und wo verschmelzen die Vergangenheit, die Tradition und die Zukunft zu einer derartigen Einheit wie eben dort? Schnelllebigkeit ist das Zauberwort in den Emiraten, in zwei Jahren verändert sich in Abu Dhabi so viel wie anderswo in Jahrzehnten.

Überaus wertvoll die Weihnachtsveranstaltungen. Der Weihnachtsmarkt der deutschen Schule ist ein herbeigesehntes Fest der Freude. Ebenso der amerikanische Weihnachtsbasar, der für beste Unterhaltung sorgt. Edel, erlesen und teuer sind die Angebote der von den Schweizern organisierten Tombola im Beach Rotana Hotel; der Hauptpreis ist stets ein Freiflug von der Schweiz nach Abu Dhabi mit Hotelaufenthalt. Ein Hit des Weihnachtsmarkts ist der Stand mit dem Nagelstudio. Nicht nur weihnachtliche Motive werden auf die Nägel gemalt, sondern jedes Motiv, das man wünscht. Zur kompletten Maniküre kommt als der letzte Schliff eben das Design auf die Nägel. Wir drei Mädels sind begeistert davon.

Jedes Land bietet seine kulinarischen Spezialitäten an. Wer einmal bei 30 Grad unter Palmen sitzend Schweizer Käsefondue, Schwäbische Waffeln oder Muffins mit Glühwein genossen hat, darf sich Cosmopolit nennen.

*

Ich erinnere mich gern an Saudi Arabien, an Riyadh, wo wir von einem deutschen Bekannten meines Mannes zu einem Abschiedsfest eingeladen waren. Jeder brachte etwas mit. In Tupperware-Behältern wurden Torten, Kartoffelsalate, Nudelaufläufe, Saucen und dergleichen angeschleppt. Der Gastgeber grillte, und wäre da nicht der leichte Wüstensturm gewesen, man hätte sich in einem Garten in Deutschland geglaubt. Für das Abschiedsgeschenk hatten die Freunde zusammengelegt und einen wunderschönen Teppich zur Erinnerung gekauft.

Ich ging oftmals durch den Compound spazieren, mein Gatte erkundigte sich, ob ein Haus zu vermieten sei. Die warme

Wüstenluft strich uns durch die Haare. Ich atmete tief durch. Ich wollte zu gern bleiben, obwohl dies zum damaligen Zeitpunkt unvernünftig gewesen wäre. Riyadh hatte gegen den Terror zu kämpfen, täglich wurden internationale Schulen mit Bombendrohungen aufgeschreckt. Die Compounds waren mit Panzersperren, erhöhten Mauern und Stacheldrähten abgesichert. Rund um den Compound patroullierten ständig Soldaten mit Maschinengewehren.

Innerhalb der Stadt wurde man von der Polizei aufgehalten und kontrolliert. Die Autos wurden mit Spezialspiegeln von unten nach Bomben abgesucht. In die Compounds hinein kam man nur gegen Abgabe oder Vorlage des Reisepasses und nach genauer Erklärung, zu wem man wollte und warum. Erst nach telefonischer Nachfrage bei dem zu Besuchenden und der Untersuchung des Autos wurde man eingelassen.

Mein Mann lebte damals in Riyadh in einem arabischen Viertel. Er fühlte sich dort sicherer als in einem ausländischen Compound. Sein österreichischer Chef bot ihm immer wieder an, in eine internationale Wohnanlage zu übersiedeln, aber er wollte nicht. Außerdem fühlte er sich in der arabischen Welt nicht nur sicherer, sondern auch wohler.

Jebel Ali

Jebel Ali, etwa vierzig Kilometer von Dubai entfernt, war früher ein kleiner Ort. 1970 arbeiteten in der „Free-Zone" vier Firmen. Die in Dubai herrschende Familie Maktum schuf in wenigen Jahrzehnten den größten, je von Menschenhand geschaffenen Hafen. 35 Jahre später sind dort über 6.300 Unternehmen aus aller Welt angesiedelt. Jebel Ali ist eine Handelszone, die dank niedriger Steuern und außerordentlich lukrativer Geschäftsmöglichkeiten gute Entwicklungsmöglichkeiten bietet. Zudem wird Port Rashid, der Hafen Dubais, mitbenützt, er ist der dreizehntgrößte Containerhafen der Welt. Heftig diskutiert wird der Neubau des Flughafens. Ein ganzer Stadtteil ist geplant für „Jebel Ali Airport City". Er soll eine Fläche von 140 Quadratkilometer haben. Der Dubai-World-Central-International-Airport soll der größte Flughafen der Welt werden.

Längst ist Jebel Ali mit Dubai zu einer Einheit verschmolzen. Damals wurde auch mit dem Bau der „Dubai Metro" begonnen. Sie soll die vierte Untergrundbahn im Nahen Osten werden, die erste Fahrstrecke schon 2009 benützbar sein. Mit der endgültigen Fertigstellung wird im Jahr 2020 gerechnet. Fünf Kilometer vom Jebel entfernt liegt eine der drei „Palm Islands", der künstlichen Inselgruppe an der Küste Dubais. Rund um „The Palm, Jebel Ali" sind die Water Homes, die in der Form arabischer Schriftzeichen geplant wurden. Es ist ein Gedicht von Muhammed bin Raschid al-Maktoum: „Nimm die Weisheit von den Weisen. Es braucht einen Mann mit Visionen, um auf Wasser schreiben zu können. Nicht jeder, der ein Pferd reitet, ist ein Jockey. Große Männer arbeiten an großen Herausforderungen." Der Satz skizziert den geistigen Hintergrund von Dubais rasanter Entwicklung, und treffender könnte er nicht sein. Wer den Satz versteht, versteht Dubai – und er versteht, dass ein Ende des Baubooms nicht abzusehen ist.

LUXUSLEBEN

Es erscheint wie im Paradies. In Abu Dhabi werden keine Steuern eingehoben. Der Scheich sorgt für das Wohl des Volkes. Wie aber kommt man in das Paradies? Man muss eingeladen werden! Ohne einen Sponsor vor Ort bekommt man keine Arbeitserlaubnis.

Arbeitet man bei einer internationalen Firma, hat man Glück und wird, wenn man möchte, in die UAE entsandt. Will man sein eigenes Geschäft starten, wird es schwieriger. Zuerst muss ein Sponsor, ein lokaler Teilhaber, gefunden werden. Der ermöglicht einem die Arbeitserlaubnis und ist Ansprechpartner und Hilfesteller. Er stellt die Geschäftsräumlichkeiten zur Verfügung und knüpft erste Kontakte. Das Eingeführt-Werden in die wichtigsten Kreise ist eine der wesentlichen Voraussetzungen, um wirtschaftlich zu überleben. Der Sponsor jedoch will bezahlt

werden und beansprucht einen Teil des Einkommens oder ein Fixum, das es zu definieren gilt.

Man ist gut beraten, sich von einem der inzwischen in Dubai etablierten, sehr guten deutschen Anwälte beraten zu lassen. Zu viele Glücksjäger zieht es in die Vereinigten Arabischen Emirate. Der Luxus blendet, und zu viele lassen sich von ihm blenden.

Eine gute Basis will auch dort geschaffen werden, um zukunftsweisend arbeiten zu können. Der rechtliche Rahmen muss abgesteckt und eingehalten werden, die Investitionen gehören gut durchdacht. Der chinesische Markt ist in den Emiraten stark präsent und bietet vieles viel billiger als der Rest der Welt. Eine Konkurrenz, die viele kleinere Weltfirmen freilich unterschätzen. Allein die Containertransporte von Europa in den Mittleren Osten kosten viel Geld, während der von China kommende Transport erheblich billiger ist.

Immer willkommen und jederzeit gefragt sind qualifizierte Facharbeiter und Akademiker. Gute Fachärzte sind „Mangelware", für sie gibt es einige Ausnahmeregelungen, das Aufenthaltsvisum betreffend. Jeder Arbeitnehmer, der in den Emiraten ein „Residence-Visa", das ist ein Aufenthalts-Visum, anstrebt, muss mehrere ärztliche Untersuchungen über sich ergehen lassen; obligatorisch sind ein Aids-Test und eine TBC-Untersuchung. Alle Untersuchungen werden in eigenen Kliniken vorgenommen. Sie leiten das Ergebnis an die Regierung weiter, die das Visum, wenn man gesund ist, ausstellt; es wird in den Reisepass geklebt.

Die Familie mitnehmen darf nur der, der genügend verdient. Das gilt hauptsächlich für Arbeitnehmer aus Asien, die zu den Einkommensschwachen zählen. Damit soll ein gewisser Lebensstandard gewährleistet sein und keine künstliche Armut im Land großgezogen werden. Das Visum ist für eine bestimmte Zeit gültig und muss in regelmäßigen Abständen erneuert werden.

Europäer werden als Wirtschaftskräfte geschätzt und sind im Land sehr willkommen. Die Emirate wollen den Fortschritt, das Wachstum, sie wollen den Reichtum zeigen, der Luxus soll überall präsent sein. Das Interesse der regierenden Scheichfamilie an technischen Neuigkeiten und an weltweit erstmaligen Versuchen ist groß. Sei es das welthöchste Hochhaus, sei es eine mit Wind angetriebene Möglichkeit der Stromerzeugung, sei es die weltgrößte Moschee – Beispiele gibt es dafür mehr als genug. In Dubai und Abu Dhabi nehmen Visionen Gestalt an. „Unmöglich" und „unmachbar" zählen nicht zum Wortschatz der Emiratis. Und die Welt lässt sich vom Pioniergeist anstecken.

Der von Scheich Zayed gesäte Samen wächst und gedeiht. Es gibt keinen Emirati, der nicht immer wieder betont, dass der Reichtum auf der Arbeit der Vorfahren gründe. Sie erinnern sich an die bittere Armut, die vor gerade einmal 40 Jahren noch im Land herrschte.

Wie fühlt sich der Luxus an? Mein Mann hat ein Meeting in Dubai. Dort wird ein Hochhaus errichtet, das nur für Millionäre gedacht ist. Das luxuriöse High-end-Domizil soll einen eigenen Spa-Bereich bekommen, auf Wunsch jedes einzelnen Käufers sogar in der eigenen Wohnung. Mein Mann hat den

Wellnessbereich geplant und entworfen und trifft sich nun mit dem Eigentümer des Hochhauses. Es dürfte ein längeres Meeting werden, weshalb ich ihn begleite und zum Madinath Souk weiterfahren will, um dort ein paar Stunden zu verbringen. Aber es kommt anders. Wir landen im Stau, brauchen mehr Zeit als geplant und müssen erst einen Parkplatz suchen. Ich will mir noch schnell die Hände waschen und gehe mit meinem Mann zum Eingang des Hochhauses, das sich in unmittelbarer Nähe des Persisch-Arabischen Golfs befindet, einen Steinwurf von der Küste entfernt. Der Besitzer kommt uns freudestrahlend entgegen und bittet uns in sein Büro. Freundlich bietet er uns Platz an und fragt nach unseren Getränkewünschen. Wollen wir Chai, den gewürzten, gesüßten Schwarztee, oder lieber Mineralwasser oder doch Chafta-Kaffee?

Ich will auf keinen Fall stören oder die Besprechung unnötigerweise in die Länge ziehen. Ich weiß, dass für die Araber Höflichkeit oberstes Gebot ist und dass mir der Gastgeber nie zu spüren geben würde, kein Teil des Meetings zu sein; er hat ja nur meinen Mann erwartet. Ich erkläre, dass ich schnell die Hände waschen und auf keinen Fall stören will, meine Fahrt würde weitergehen zum Madinath Souk.

Der Geschäftsmann lässt einen seiner Dienstboten kommen, sieht mich an, dreht sich zu dem Mann, und der fragt mich, ob er mich einladen dürfe, die Luxusappartements zu besichtigen. Zwei Schau-Einheiten im sechsten Stockwerk sind bereits fertig gestellt und dienen den millionenschweren Käufern als Inspiration, wie sie sich später einrichten könnten. Jeden Mittwoch findet dort eine große Party statt, zu der sich die Prominenz aus aller Welt einfindet, um in Ruhe über eine Investition in Form eines schönen Wohnsitzes in Dubai nachzudenken.

Nun lädt er mich zu einer Führung ein. Ich möge mir die Zeit nehmen, für Speis und Trank sei gesorgt, und ich solle mich wie zu Hause fühlen. Nur zu gern nehme ich das Angebot an. Mein Mann ist einige Male auf diesen Partys eingeladen gewesen und hat mir von den Appartements erzählt. Der Diener führt mich zum Lift, dessen Spiegel in Goldrahmen gefasst sind. Leise Musik übertönt das Geräusch des aufwärts schnurrenden Lifts. Wir steigen aus und treten auf einen dicken Teppich, in dem man fast bis zu den Fußknöcheln versinkt. Die Lifttür schließt sich leise, und ich werde gefragt, ob ich mir zuerst das moderne oder das klassische Appartement ansehen möchte. Ich entscheide mich für das klassische und werde durch eine riesige vergoldete Tür gebeten.

Vor mir tut sich die Spielwiese der Superreichen auf! Das Appartement misst 1.122 Quadratmeter. Ich stehe in der Eingangslobby, deren Fußboden mit kostbaren Mosaikarbeiten ausgelegt ist. Der freundliche Diener erkundigt sich, ob ich seine Begleitung wünsche oder alles lieber allein und in Ruhe genießen möchte. Sollte ich Durst oder Hunger bekommen, werde er sofort für Spezialitäten aus den Emiraten sorgen, und für Fragen stehe er jederzeit zur Verfügung. Ich entschließe mich für den ungeführten Rundgang und bedanke mich. Er nickt freundlich und zieht sich diskret zurück, bleibt aber immer in meiner Nähe, um bei eventuell aufkommenden Fragen gleich zur Stelle zu sein.

Ich betrete den ersten großen Raum der in einem Rundgang angelegten Wohnung. Dann stehe ich im Wohnzimmer mit der angrenzenden Terrasse. Die Front zur Terrasse ist vollkommen verglast, der Raum scheint fast ausschließlich aus Glasfenstern zu bestehen. Sanft getönte Scheiben mildern das grelle Sonnenlicht. Neben der Terrassentür ein schwarz glänzender Flügel. Eine eigens für mich engagierte Klavierspielerin spielt Klassisches. Der Raum ist an die 150 Quadratmeter groß, und es gibt wie im gesamten Appartement kein Möbelstück, das nicht von einem Designer stammt. Beide Wohnungen sind von den weltbesten Innendesignern eingerichtet worden – eine harmonische Mischung aus westlicher und arabischer Kultur. Der Blick von der Terrasse führt auf das Meer hinaus, man kann Palm Island sehen.

Der Marmorfußboden glitzert in der Sonne. Ich setze mich auf das riesige Ledersofa und genieße den Panoramablick und die sanften Klänge vom Klavier. Plötzlich spüre ich neben mir eine Hand, und mein freundlicher Begleiter stellt mir mit einem

Lächeln einen frisch gepressten Fruchtcocktail auf den Tisch. Noch ehe ich mich bedanken kann, hat er sich schon wieder zurückgezogen.

Mit dem Glas in der Hand wandere ich weiter durch die Räume – vom Wohnzimmer ins Speisezimmer. Es ist für zwölf Personen mit edelstem Porzellan gedeckt. Daneben das kleine Frühstückszimmer mit einer Gästetoilette. Anschließend die Küche. Dort beeindruckt mich am meisten der Kühlschrank in der Größe eines Kleiderschranks. Von der Küche erreiche ich wieder die Eingangslobby. Dort steht inzwischen ein riesiger Blumenstrauß aus frischen Lilien, farblich passend zum Mosaikboden.

Der Diener deutet diskret auf die andere Seite der Lobby. Dort führt der Weg weiter in die „Privaträume", zuerst in das gemütliche Familienwohnzimmer mit überdimensionalem Flatscreen, dann in das Erste von fünf Schlafzimmern. Wenn das Märchen von Tausendundeiner Nacht irgendwo Wirklichkeit geworden ist, dann in diesen Prunkräumen. Jedes der Schlafzimmer ist anders gestaltet. Hier ein riesiger Baldachin über das Bett gespannt, dicke Kissen am Fußende. Im angrenzenden Badezimmer ein riesiger, ergonomisch geformter Riesenwannen-Whirlpool. Die verglaste Duschkabine daneben spielt alle Raffinessen, die man sich nur vorstellen kann. Der Clou aber sind die überdimensionalen Spiegel über den pompösen Waschbecken. Ich blicke gerade in einen davon, als sich rechts plötzlich Schwanensee als Ballettaufführung auftut. In den Spiegel ist unsichtbar ein Fernseher eingelassen. Von einem eigenen Technikraum aus kann in jedes Badezimmer ein anderes Video eingespielt werden – je nach Lust und Laune des Badenden, in die Kinderbadezimmer ein Rockvideo oder ein Zeichentrickfilm, hier ist es eben Schwanensee.

Weiter geht es in den Ankleideraum – jedes Schlafzimmer hat einen. Der eingebaute Kasten, einige Meter lang und bis unter die Decke reichend, hat die Dimension eines europäischen Wohnzimmers. Als ich zwei Schritte davor stehe, öffnet sich wie von Geisterhand die Tür. Ich trete zurück, und sie schließt sich automatisch. Auch die Lichter gehen in jedem Schlafzimmer und Bad bei Betreten und Verlassen von selber an und aus.

Ich sehe mir alle Schlafzimmer und die Zusatzzimmer, das Fitnessstudio, das Büro und ein weiteres Studio sowie die Zimmer der Housemaids an. Auf den kleinen Tischchen im übertrieben langen Hausgang stehen sündteure Parfums in funkelnden Kristallflakons. Die sanfte Stimme hinter mir lädt mich ein, die Düfte zu probieren – ein Angebot, das ich nur zu gern annehme.

Der Rundgang endet im Gästezimmer – selbstverständlich mit eigenem Bad, zwei Ankleideräumen und einem Wohnbereich.

Dann stehe ich wieder in der Eingangslobby und betrete das Wohnzimmer. Sofort beginnt die Klavierspielerin wieder zu spielen. Es dämmert bereits, einige der unzähligen Stehlampen verströmen ein angenehm warmes Licht. Über Palm Island, die künstliche Insel im Meer, streichen zart die letzten Sonnenstrahlen. Das Burj al Arab ist schon beleuchtet, einzelne Yachten laufen in den Hafen ein. Leise höre ich den Ruf des Muezzins. Die bereits vertraute Hand hält mir ein Tablett entgegen, darauf ein kunstvoll geformtes Teeglas. „Do you like some fresh fruits?"

„No, thank you so much!"

Ich nehme das Teeglas und gehe auf die Terrasse. Große Hitze und drückende Luftfeuchtigkeit schlagen mir entgegen. So schön und einladend die Terrasse ist, nutzen kann man sie nur in der Winterzeit, höchstens vier Monate also. Schnell kehre ich in die Frische der vollklimatisierten Räume zurück. Ein großer Teller mit arabischen Süßigkeiten steht auf dem Couchtisch. Ein kleiner Teller und eine Gebäckzange liegen bereit. Mir kommt die riesige Badewanne in den Sinn. Jetzt ein Schaumbad nehmen in dem überdimensionalen Whirlpool, dazu schöne Musik, einen riesigen Fruchtcocktail und frische Mangos. Ja, das wäre es! Dann in den vorgewärmten Bademantel schlüpfen und mich in das Bett aus dem Märchen von Tausendundeiner Nacht verkriechen und …

„Sorry Mam", die sanfte Stimme weckt mich aus meinen Träumen. „Your husband called me. He is waiting for you."

Das Meeting ist eben zu Ende gegangen, und mein Mann wartet auf mich. Ich muss mindestens zwei Stunden in dem Luxustempel zugebracht haben. Der Diener geleitet mich zum Lift. Dort erfahre ich, dass die Luxusappartements rund um die Uhr von einer Securitytruppe bewacht werden.

Wir sitzen wieder im Auto und haben Dubai schon hinter uns gelassen. „Na, wie war es?"

„Unglaublich", antworte ich wahrheitsgemäß.

„Die Appartements werden von den Besitzern meistens nur einige Wochen im Jahr benützt. Die Käufer haben weltweit meist mehrere solche Luxusappartements."

Ja, das ist schon klar. Hier geht es hauptsächlich darum, sein Image zu pflegen und zu hegen. Das Motto lautet „Wer hat, der kann." In dem Fall kann der Käufer sehr lang von seiner Geldinvestition erzählen. Ich versuche, die Wassermenge auszurechnen, die die Badewanne fasst. Zu fünft hätten wir darin leicht Platz.

„Hast du nach dem Preis gefragt?", will mein Mann wissen.

Ich verneine, er aber weiß es: „Um die zehn Millionen Euro. Inkludiert sind die Badezimmer, die eingebauten Schränke und die Küche. Für das Mobiliar, das du gesehen hast, kannst du noch einmal eine Million Euro hinlegen. Jeder Stuhl am Tisch im Speisezimmer kostet 7.000 Euro. Der Kristallluster in der Eingangslobby hat allein einen Wert von 100.000 Euro."

So genau hätte ich es gar nicht wissen wollen. Ich möchte auch nicht wissen, wie lang man braucht, die riesige Badewanne nach einem Schaumbad in ätherischen Ölen zu reinigen – nein, bis wir wieder in Abu Dhabi sind, will ich nur von dem Luxus träumen und von dem treuen Schatten, der mich am Nachmittag so fürsorglich begleitet hat.

Mina

Mina Zayed – das ist der Name des Hafens in Abu Dhabi, idyllisch gelegen am Rand der Halbinsel und angrenzend an unser Wohnviertel, der Tourist-Club-Area.

Die Gegend rund um den Hafen wird „die Mina" genannt. Als wir in Abu Dhabi leben, ist die Mina noch ein romantischer Ort, allerdings bestehen schon Pläne, daraus ein riesiges Büroviertel zu machen; die alten Bauten werden neuen futuristischen Hochhäusern weichen müssen. Von unserer Dachterrasse aus kann man zur Mina hinübersehen, wo im Morgenlicht die zahlreichen Fischerboote und die Dhauws anlegen. Der arabische Golf ist reich an Fischen und Meeresfrüchten. Die Fischhalle von Abu Dhabi liegt – natürlich – auch am Hafen. Die neu renovierte Halle ist riesig groß, die Auswahl an Fischen enorm. An den zahlreichen kleinen Verkaufsständen wird der ganze Fischreichtum der Region angeboten – auch der „hammour", der wohl bekannteste und wohlschmeckendste Fisch in den Emiraten. Ob gegrillt oder gebraten, er schmeckt in allen Varianten vorzüglich.

Wir kosten uns durch das reichhaltige Fischangebot. Hammerhai, Haifisch, Sardinen, alle Varianten von Muscheln und vieles mehr steht oft auf unserem Speiseplan. Mehrmals in der Woche besorge ich in der Mina kleine Garnelen. Mit etwas Öl in der Pfanne angebraten, schmecken sie vorzüglich und sind eine leichte, bekömmliche Speise. Und bei Temperaturen über 40 Grad Celsius – im Schatten wohlgemerkt! – ist man froh, den Magen nicht zu sehr belasten zu müssen.

Haben die Fischer einen großen Haifisch oder einen anderen Riesenfisch gefangen, legen sie ihn in der Fischhalle neben den Eingang. Einmal bewundern wir einen drei Meter langen Hai. Die Zähne allein sind Furcht einflößend. Die Kinder dürfen die Zähne angreifen; sie tun es sehr vorsichtig, begleitet von schaurig schönem Gruseln. Ein anderes Mal liegt ein großer Schwerthai am Boden. In der Fischhalle herrscht stets reges Treiben, und die auf den seltenen Fang stolzen Fischer lassen sich und ihre Beute von den zahlreichen Käufern bewundern.

Am hinteren Ende der Halle haben die Kunden die Möglichkeit, die Fische reinigen, ausnehmen und filetieren zu lassen. Mindestens zwanzig Pakistani sind dort am Werk. Es herrscht immerzu ein Drängeln zwischen ihnen, jeder will den Fisch putzen dürfen, jeder schaut darauf zu verdienen, und jeder versucht, den Preis des anderen zu unterbieten. Daher wird zuerst gefeilscht, dass es eine Freude ist; erst wenn genug Basar gelebt und der Preis ausgemacht ist, gibt man ihnen die Fische. Die Fischputzer, Fischausnehmer und Fischfiletierer arbeiten in Windeseile. Die Messer sind scharf, wie auch die Axt, mit der sie die großen Fische in Stücke teilen. Die Pakistani hocken auf winzigen Holzschemeln mit drei Beinen und werken ohne Handschuhe und Fingerschutz; haarscharf gleiten die Messer an den Fingern vorbei. Das Blut der Fische spritzt, Fischschuppen fliegen durch die Luft, die Innereien landen vorläufig im Eck. Einen nervösen Magen darf der Zuseher nicht haben. Dafür ist die Arbeit wirklich perfekt. Ob hauchdünn filetiert, ob in dicke

Scheiben geschnitten, es passt immer! Wer will, lässt sich den Fisch gleich in der Halle in verschiedener Art braten oder grillen. Das dauert etwa eine Viertelstunde; dann erhält man den fertig zubereiteten Fisch mit einer schmackhaften Sauce eingestrichen und mit viel Reis gut verpackt zurück und nimmt ihn nach Hause mit. Das „Take away", das Mitnehmen der fertig zubereiteten Speisen von den Lokalen nach Hause, ist in den Emiraten eine gängige Vorgehensweise.

In einem kleinen, abgeteilten Bereich der Halle bieten Obst- und Gemüsehändler ihre köstliche Ware an. Ein Metzger, der frisches Lammfleisch und Geflügel feilbietet, ist auch dort zu finden.

Die beste Zeit zum Einkaufen ist der frühe Morgen. Da bietet sich einem die größte Auswahl, und es bleibt genug Zeit zum Feilschen und Handeln.

In der Zeit des Ramadan steht vor dem Haupteingang am Abend ein Stand, an dem tüchtige Händler mit frittiertem Gemüse und in Teig herausgebackenen Eiern – Spezialitäten, die es nur im Fastenmonat nach Sonnenuntergang, wenn die gläubigen Moslems essen und trinken dürfen, gibt – gute Geschäfte machen. Unsere Kinder können sich daran nicht satt essen. Fast jeden Abend fahren wir los, das knusprig Ausgebackene zu holen. Wir parken das Auto und schlendern mit den Esstüten und einem riesigen Pack Servietten dem Ufer entlang durch die Mina.

Über hundert Meter zieht sich die Straße der Blumenverkäufer. Alle tropischen und subtropischen Pflanzen werden lauthals angepriesen. Sie sind nicht teuer, und die Händler liefern die Ware sofort und unkompliziert nach Hause. Alle meine Pflanzen auf der Terrasse, die Palmen, die Bougavilleen, den Hibiscus und die Kletterpflanzen habe ich dort gekauft.

In der Nähe fasziniert der iranische Basar. Persische Händler suchen Orientteppiche, Sitzpolster, Kelims, Satteltaschen und viel Brauchbares an den Mann zu bringen. Mir gefallen besonders die kleinen Döschen, in die aus winzigen Mosaikteilchen Jagdszenen oder ähnliche Motive eingelegt sind. Sie dienen der Aufbewahrung von Schmuck. Es gibt Mosaikbilder und handbemalte Keramikvasen.

Verlockend ist auch der riesige Obstmarkt. Keine Frucht, die nicht angeboten wird! Es gibt zu jeder Zeit, aus allen Erdteilen Erdbeeren, Trauben, Pfirsiche oder was immer man sich wünscht. Wie freuen wir uns auf Datteln und Mangos. Mein Mann brachte aus Saudi Arabien einmal dreißig Kilo frische Datteln mit – ein Gastgeschenk, das besondere Freude bereitete. Mein Mann zeigte sich erkenntlich, indem er als Gegengeschenke Spezialitäten aus Österreich gleich kofferweise in den Orient schleppte. Unter den Saudis heiß begehrt sind Mozartkugeln und weiße Schokolade – zu schnell ist immer alles verschenkt.

Am Abend betrachten wir von der Terrasse aus die ungezählten Lämpchen und Lampions der Restaurants, die am Ufer der Mina entlang angesiedelt sind. Unsere Lieblingsgaststätte zählt zu den kleinen arabischen Restaurants, in denen – die Bedienung ausgenommen – nur Männer sitzen. Sooft wir Zeit finden, gehen wir dorthin essen. Das Lokal ist ein „Geheimtipp". Ich kenne allerdings keinen Expad, der von der Existenz des Restaurants weiß. Mein Mann hat es über seinen einheimischen Freund kennengelernt. Der hat ihn dorthin eingeladen, und mein Mann war sofort verliebt in das Ambiente dieser gastlichen Stätte. Man sitzt in einem riesigen Zelt auf dicken, auf dem Boden ausgelegten Teppichen. Auf großen Kissen am Rand des Zeltes stützt man sich ab oder lehnt sich an. Gegessen wird mit den Händen, wenn man will, werden auch Löffel gereicht. Dass dieses Einheimischenrestaurant zum Favoriten unserer drei Kinder wurde, ist schon deshalb leicht verständlich. Es gibt nicht viele Speisen zur Auswahl; was angeboten wird, ist aber von bester Qualität und herrlichem Geschmack – Hühner zum Beispiel, gegart in Tontöpfen unter der Erde. In einer Erdhöhle entzündet der „Koch" ein großes Feuer und stellt, sobald die Glut heiß genug ist, die gefüllten und verschlossenen Töpfe hinein. In der zugemachten Höhle schmort das Hühnchen einige Stunden vor sich hin – Ergebnis: ein beinah überirdischer Genuss. Serviert wird das Huhn auf einem großen Tablett auf einer dicken Schicht Reis. Dazu gibt es Nüsse und Rosinen auf kleinen Tellern und ein Schüsselchen mit scharfer Chilisauce. Nach Empfehlung des Hauses entscheidet man sich für frisches Gemüse als Vorspeise: Salat, Tomaten, Oliven und Karotten. Joghurt holt man sich selbst aus dem Kühlschrank – sooft man Lust dazu hat. Gegessen wird, wie üblich, mit der rechten, der sauberen Hand.

Nach dem Essen serviert man Chai. Das Herrlichste für die Kinder ist, wenn sich mein Mann mittags in Abu Dhabi aufhält und wir nach der Schule um drei Uhr nachmittags unser Lieblingslokal aufsuchen, um dort zu dinieren. Sie lassen sich auf die dicken Kissen fallen und genießen es, eine Stunde in Ruhe zu speisen.

Im Fernseher, den die Bediensteten meist eingeschaltet haben, laufen indische Liebesfilme, und von draußen hört man die Fischer ihre Boote reinigen. Einmal wird uns – wir haben gerade angefangen zu essen – ein großes Tablett gebracht – ein Hammour, der wohlschmeckende, bekannteste Fisch des Persischen Golfes. Niemand von uns hat diesen Gaumenschmaus aber bestellt. Wir wollen das Missverständnis aufklären und erfahren, dass die zwei am anderen Ende des Zeltes sitzenden Emirati ihn für uns bestellt haben. Sie lassen uns ausrichten, dass der Fisch ausgesprochen wohlschmeckend sei und wir ihn uns schmecken lassen sollen. Mein Mann bedankt sich auf arabisch, sie nehmen den Dank gern entgegen.

Ein anderes Mal sprechen uns drei junge Einheimische an – hübsche, junge, wohlerzogene Männer, die in perfektem Englisch parlieren. Sie sitzen etwas abseits und essen. Einer dreht sich zu uns und bedankt sich, dass wir mit der Hand essen. Er finde es schön, das wir uns dem Land und in diesem Fall auch der Esskultur anpassen. Er habe immer wieder abfällige Bemerkungen zu hören bekommen, weil die Araber mit den Händen essen. Umso schöner finde er, dass wir es so mögen und im Schneidersitz am Boden säßen. (Ein paar Monate später baut der Besitzer des Lokals – der Tourismus ist bereits stark im Kommen – einen in warmem Gelbton ausgemalten „Familyroom" dazu, eingerichtet mit Tischen und Stühlen mit netten Bezügen. Obwohl der Raum mit Liebe eingerichtet ist, zieht es uns immer ins Zelt. Um nichts hätten wir tauschen wollen.)

In der Mina gibt es ein zweites Lokal, das wir gern besuchen und in das wir öfters eingeladen werden. Es bietet persische Spezialitäten und arabische Vorpeisen, die Mezzehs; hervorragend die Spieße mit Lamm- oder Hühnerfleisch. Das vor dem Grillen lang in Joghurt eingelegte Fleisch ist zart und weich wie Butter, der Reis mit Safran verfeinert. Als Getränk wählen wir stets Saft aus Zitronen und Zucker, „lemon-juice", eine Kreation nach einem Geheimrezept des Kochs. Ich versuche immer wieder es zu kopieren, leider ohne Erfolg.

Der „Perser" liegt direkt am Wasser, ein Teil der Essräume steht auf Pfählen über dem Wasser. Im hinteren Teil des Lokals lädt eine große, erhöhte Sitzecke zum Fernsehen ein. Man sitzt bequem am Boden, isst, trinkt und – wenn einem danach ist

– sieht auch fern. Sitzt man am späten Abend im Freien, fahren die Touristen-Dhauws ganz nah an einem vorbei. Auf diesen Schiffen kann man ein Abendessen buchen; sie fahren die Küste entlang auf und ab, das Abenteuer dauert fast zwei Stunden. Die Dhauws sind jedoch fast immer ausgebucht.

Eines Tages treffen wir im Schwimmbad eine österreichische Reisegruppe – allesamt Winzer, die eine Reise in die Vereinigten Emirate gebucht haben. Die Rundreise führt sie auch nach Abu Dhabi. Weil ich mit meinen Kindern deutsch rede, spricht mich einer der Reiseteilnehmer im Swimmingpool an, und wir kommen ins Gespräch. Er fragt nach einem ruhigen Restaurant; einige der Mitreisenden möchten den Abend fernab des Touristenrummels verbringen. Gern würden sie mich und meine Familie einladen, dabei zu sein. Nach Rücksprache mit meinem Mann entscheiden wir uns für den „Perser" in der Mina. Im Arabischen Zelt wäre auch zu wenig Platz für die vielen Leute.

Wir treffen uns am Abend auf dem Parkplatz vor dem Hotel und fahren im Taxi-Konvoi zu dem Lokal, in dem wir wohlweislich reserviert und unser Kommen angekündigt haben. Die österreichischen Weinbauern sind begeistert. In beeindruckend schönen, dekorativen Holzschüsseln in Form einer Dhauw wird das Essen aufgetragen.

Der Abend läuft gemütlich an – bis zu dem Moment, als mein Handy läutet. Eine Freundin will aufgeregt schnatternd wissen, wo wir umgingen. Ich vermute sie in der Nähe, und sie hätte unser Auto auf dem Parkplatz gesehen.

„Wir sind in der Mina. Seid ihr in der Nähe?"

„Sind die Kinder und Stefan bei dir?"

„Du weißt, dass ich die Kinder am Abend nicht allein lasse." Die Kinder lasse ich am Abend wirklich nur ungern allein. Während des Schuljahrs müssen sie früh zu Bett, da gehe auch ich meist gleich schlafen. Der Tag beginnt früh, und wir trachten danach, ausgeschlafen zu sein. Dafür dürfen die Kinder am Wochenende, wenn wir ausgehen, immer dabei sein. Sie sind also kaum einmal allein zu Hause. Das weiß meine Freundin. Umso mehr verwundert mich ihre Fragerei.

Da dröhnt plötzlich die Stimme ihres Gatten durch den Hörer: „Nur keine Panik! Aber euer Haus brennt! Und nach den ersten Informationen brennt das Dachgeschoß auf eurer Seite."

Mein Mann sieht mein verdutztes Gesicht, greift sich das Telefon und lässt sich über das Drama informieren. Ein Kollege, der im benachbarten Hochhaus wohne, habe beim Zähneputzen aus dem Fenster geschaut, die Rauchfahne bemerkt und sofort Feuerwehr und Polizei verständigt. Und nicht vergessen darauf hinzuweisen, dass im obersten Stockwerk eine österreichische Familie mit drei kleinen Kindern wohne. Außerdem sei ihm bekannt, dass wir meistens früh schlafen gingen. Feuerwehr und Polizei seien sofort ausgerückt, hätten an unsere Eingangstür zuerst geklopft, dann getrommelt und gedroschen, denn Klingel haben wir keine. Sie hätten schließlich versucht, uns mit Megaphonen aus den Betten zu treiben. Schlussendlich habe der verzweifelte Kollege unseren Freund angerufen, und dessen Frau habe mich endlich am Handy erreicht. Aufatmen bei allen: Wir sind nicht zu Hause. Gott sei Dank, denn ein Brand in einem Hochhaus ist so ziemlich das Letzte, was ich erleben möchte.

Wir schildern den verdutzten Winzern die Lage, lassen alles liegen und stehen und fahren nach Hause. Aufgeregt bieten uns die Landsleute ihre Hilfe an, sollten wir unser gesamtes Hab und Gut verloren haben.

In unserer Straße ein Riesenaufgebot an Feuerwehrautos und -männern sowie Polizeifahrzeugen und Sicherheitskräften. Auf der Straße stehen hunderte Neugierige. Am Gehsteig entdecken wir einige unserer Hausmitbewohner.

„What happens?"

Jeder schüttelt den Kopf. Genaues weiß keiner. Ein Pakistani meint, das Dach brenne. Aber genaue Informationen habe auch er nicht. Nach langem Suchen finden wir den Hausmeister. Nicht in unserer Wohnung hat es gebrannt, jemand aus dem zweiten Stock habe heißes Öl oder eine glimmende Zigarette in den Müllschacht geleert beziehungsweise geworfen. Der Müll habe Feuer gefangen und im Schacht eine extreme Rauchentwicklung bewirkt. Als Erster bemerkt hat dies der Kollege im Nachbarhaus beim Zähneputzen. Er hat die Rauchfahne am Dach gesehen, denn dort ist logischerweise die Öffnung des Schachtes. Und so hätten alle gedacht, unsere Wohnung stünde in Flammen, denn die liegt direkt neben dem qualmenden Schacht.

Wir müssen noch zwei Stunden ausharren, erst um ein Uhr nachts dürfen wir ins Haus. Alle Fenster im Haus müssen geöffnet bleiben – der beißende Geruch ist kaum auszuhalten. Der Brand ist gelöscht, die Gefahr einer Wiederentzündung gebannt.

Ironie des Schicksals – mein Mann hat die ganze Woche vorher eine Schulung über Brandschutz besucht. Die Ausbildung zum Brandschutzexperten ist ein Teil seines Berufs. Jeden Abend hat er von den Neuigkeiten erzählt, die er gehört und gelernt hat; unter anderem erfahren wir von Feuerwehrleitern, die nur bis zum 15. Stockwerk reichen. Erschüttert darüber, wie rasch sich Brände ausbreiten können, hat er sofort einen Rauchmelder gekauft, ihn in der Hektik des Alltags aber im Büro vergessen. Und am nächsten Abend brennt es in unserem Haus! Doppelte Ironie des Schicksals!

Wie wir am nächsten Tag erfahren, hat sich die muntere Reisegruppe der Weinhauer gleich nach unserem Aufbruch in mehreren Taxis zum Ort des Geschehens fahren lassen. Allerdings haben sie uns in der Menge nicht finden können. Ich bin dankbar, dass wir ausgerechnet an diesem Tag die netten Österreicher kennengelernt haben und mit ihnen zum Abendessen gegangen sind. Normalerweise wäre mein Mann müde von Dubai nach Hause gekommen, und wir wären wirklich früh schlafen gegangen.

Nachtleben

Bedingt durch die große Hitze und die hohe Luftfeuchtigkeit, die fast das ganze Jahr über herrscht, spielt sich ein großer Teil des Lebens in der Nacht ab. Die klimatisch angenehmste Zeit ist der Winter, die Monate zwischen November und März. Ist der Neumond im Oktober vorbei, sinkt die Luftfeuchtigkeit. Man kann das Haus verlassen, ohne in kürzester Zeit eine völlig nasse Haut zu haben und ohne dass einem die Wimperntusche davonrinnt und einen aussehen lässt wie Marilyn Manson on stage.

Nach dem Oktober-Neumond beginnt die Zeit, in der der Mittlere Osten zu leben beginnt. Am späteren Nachmittag und am Abend ist die Corniche voll mit Menschen. Spaziergänger, Skater, Roller Blader, Walker, Jogger, Mütter mit Kinderwägen. Jeden drängt es nach draußen. Eine angenehme Meeresbrise streicht über Abu Dhabi, und die Cafés sind randvoll besetzt. Die Tennisplätze sind ausgebucht, die Golfer spielen schon untertags, ohne einen Sonnenstich zu riskieren.

Bei einem der gemütlichen Treffen der Gladies erzählte mir eine der „German Speaking Ladies Abu Dhabi" von ihrem vergangenen Winter in Abu Dhabi. Wir saßen im vollklimatisierten Café des Hilton, draußen hatte es 40 Grad und eine Luftfeuchtigkeit von fast 80 Prozent, wir tranken eisgekühltes Mineralwasser. Es sei unglaublich, meint sie, aber im letzten Jänner habe sie einen kleinen Ofen gekauft, weil es bei der herrschenden Kälte ohne Heizung nicht mehr auszuhalten gewesen sei. Ich hatte das Gespräch längst vergessen, wurde im folgenden Jänner aber daran erinnert.

Wir genießen den Advent und die Weihnachtszeit mit den dazugehörigen Feiern am Meeresstrand. Am 20. Dezember liegen wir noch im Pool und schwimmen im warmen Meerwasser; am 21. fliegen wir nach Österreich. Bei angenehmen 25 Grad besteigen wir in der Nacht in Dubai das Flugzeug. Zur Vorsicht habe ich jedem Kind einen Pullover gekauft – ein Kleidungsstück, das wir bislang im Mittleren Osten noch nie gebraucht haben. Jeder bekommt also einen dicken Sweater in die Hand gedrückt und hat eine lange Jeans an.

Was mich erstaunt: In den Emiraten erhält man in allen Geschäften – zeitgleich zu Europa – die komplette Wintermode angeboten. Es ist fast unmöglich, zur Winterzeit in den Emiraten Sommermode zu kriegen. Die Geschäfte sind voll mit Pullovern, langen Hosen, Anoraks (!) und Winterschuhen. Erklären lässt sich dieser Umstand vielleicht mit dem Tourismus. Die Urlauber fahren nach ein bis zwei Wochen wieder nach Hause und kaufen in Dubai die Wintermode, die sie daheim tragen.

Für uns Expads, die das ganze Jahr dort leben, ist die Sache schon schwieriger. Ich bin froh, dass in Österreich Anfang Jänner die ersten Sommerteile in den Läden hängen. Für meine Kinder, die in den paar Monaten ordentlich gewachsen sind, kaufe ich T-Shirts und Sommerkleider und Bermudas und Sandalen.

Aber noch viel erstaunlicher ist, dass ich in Abu Dhabi ohne Probleme Schimützen und Schihandschuhe finde – im April bei 38 Grad. Ich habe nicht gewusst, als wir zu Ostern die Schihalle in Dubai besuchten, dass darin ein riesiges Sportgeschäft seine Waren anbietet. Dort bekommt man einfach alles. Die neuesten Snowboardmodelle, ultimativ das neueste Design. Schimode brandneu und vom Feinsten. Es gibt Mützen, Handschuhe, Sonnenbrillen – es gibt nichts, was es nicht gibt; ein Eldorado für die Modefreaks unter den Wintersportlern!

Für den Schispaß in der Schihalle kann man – inkludiert im Eintritt – alles leihen. Schianzug, Schischuhe, Schier und Stöcke werden angeboten, der Schischuh für einen persönlich eingestellt, und wer will, mietet sich einen Schilehrer dazu.

Ein Bekannter von uns stand noch nie im Leben auf Schiern. Sein großer Traum ist aber, einmal einen richtigen Schiurlaub zu verbringen. Er meldet seine beiden Töchter, zwölf und dreizehn Jahre alt, in Dubai zum einwöchigen Schikurs an. Der Kurs ist ganztags, der Schilehrer aus Tirol. Die Kinder haben einen Riesenspaß dabei, und sogar die Eltern nehmen drei Tage am Kurs teil. Nach dieser Sportwoche fliegen sie nach Europa, um den Schiurlaub anzutreten. Und siehe da, die Mädchen haben einiges gelernt, und das Ehepaar wagt sich allein über den Hang. Fazit: Das Schifahren lässt sich auch in der Wüste erlernen, und das sogar ziemlich gut.

Am Schilift in Dubai treffen wir eine bekannte Familie, gebürtige Salzburger, die das Schifahren über alles lieben. Sie lieben ihr Hobby so sehr, dass sie die Schiausrüstung, die das Christkind der vierköpfigen Familie in Österreich gebracht hat, mit nach Dubai nehmen. Sie haben Berge an Gepäck nach Dubai mitzunehmen. Vier Paar Schier, vier Paar Schischuhe, vier neue Schianzüge und vier Helme. Aber sie sind überglücklich. Fast jedes Wochenende kann man sie auf der Schipiste antreffen. Dass die Abfahrt nur drei Minuten dauert, stört nicht. Hauptsache, sie können sich die ganze Woche auf den Sonntag freuen – da stehen sie dann wieder „auf der Piste", und kaum etwas kann sie davon abbringen.

Eine Mitschülerin meiner Tochter hat in Deutschland schon als kleines Kind Eiskunstlaufen gelernt. Sie mag diesen Sport und ist auch begabt dafür. Als ihre Eltern nach Abu Dhabi übersiedeln, hat sie gefürchtet, ihren geliebten Sport aufgeben zu müssen. Doch die findigen Eltern erfahren von einem Hotel in Dubai, das in der Lobby einen riesigen Eislaufplatz betreibt. Wer dort seine Runden fahren will, kann es tun – und sich die geeigneten Schuhe sogar borgen. Auch für kleine Eishockeyspieler stehen Trainingsstunden auf dem Programm. Die Eiskunstlaufschuhe werden also in die Wüste mitgenommen, sogar die Suche nach einem Trainer verläuft erfolgreich. Die Kleine bekommt an jedem Wochenende Trainingsstunden und ist glücklich. Ich glaube, inzwischen gibt es auch in Abu Dhabi eine Eishalle.

Zurück zu unserem Heimflug am 21. Dezember nach Österreich. Ich habe also dicke Sweater gekauft, den vorletzten Abend verbringen wir im Beach Rotana Hotel, wo der Schweizer Weihnachtsmarkt abgehalten wird. Wir erfreuen uns an Raclette – neben dem Stand, in dem ein Nagelstudio seine Dienste anbietet. Die Kosmetikerinnen tragen Weihnachtsmannmützen und verschönern unsere Fingernägel mit glitzernden Blumen und anderem Design.

Am Strand laufen die Vorbereitungen für eine private Weihnachtsfeier. Die sicher zehn Meter lange Tafel stellt den Schlitten von Santa Claus dar, gedeckt in den traditionellen Weihnachtsfarben Rot, Gold, etwas Grün und Weiß; davor einige unechte Rentiere in Lebensgröße (einer davon ist Rudolf – man erkennt ihn an seiner großen beleuchteten roten Nase); riesige Kandelaber auf dem Tisch beleuchten die glitzernden Gedecke: goldene Platzteller, Gläser mit Goldrand, goldene Brotkörbe und dieses und jenes, alles edel und teuer – und kitschiger könnte es nicht sein! Ein Chor besingt seit einer halben Stunde die Gäste mit Weihnachtsliedern aus aller Welt.

Ich spaziere mit meinem Mann den Strand entlang, lege mich dann auf einen Liegestuhl und lausche dem Chor von drüben. Fehlt nur mehr der echte Santa Claus, der – „ho ho ho" rufend – aus seinem Schlitten Geschenke vom Sternenhimmel fallen lässt. Dann hätte ich mich endgültig in einem Walt-Disney-Film gefühlt. Weihnachtskitsch in Reinkultur. Ewig schade, dass ich den Fotoapparat daheim vergessen habe.

Für meinen Mann haben wir aus Europa eingeflogene „Spekulatius", die traditionellen deutschen Weihnachtskekse, gekauft. Er liebt sie, so wie er alles liebt, was süß schmeckt. Spekulatius sind jedoch seine absoluten Favoriten. Für den Kitsch und meine romantische Stimmung an diesem Abend hat er nicht viel übrig. Mit den Spekulatius ist der Abend allerdings gerettet. Er liegt im Liegestuhl, neben sich die geöffnete Kekspackung, aus der er ein Keks nach dem anderen fischt. Anstatt mich wie im Weihnachtsmärchen zu küssen, während der Chor singt und es nach heißem Raclette und Kastanien und Meeresluft duftet, stopft er mit Hingabe die Kekse in sich hinein und flucht über die Preise an diesem „Weihnachtsevent".

Freilich ist alles teuer; es wird ja auch alles eingeflogen. Aber darum geht es doch nicht – mir geht es um die Stimmung und den Weihnachtskuss, den er mir noch schuldig ist.

In dieser Weihnachtsstimmung fahren wir also zum Flughafen nach Dubai. Mein Mann bleibt noch in Abu Dhabi, er kann erst, wie in den letzten Jahren auch, am 24. Dezember nach Österreich fliegen. Die Kinder und ich, wir sind uns nicht wirklich sicher, dass wir überhaupt nach Hause wollen. Aber meine Mutter hat mit ihrem Ehemann, dem von den Kindern heiß geliebten „Nonno", ihren Besuch in Österreich angekündigt, die beiden wollen Weihnachten mit uns feiern.

Um zwei Uhr nachts steigen wir bei angenehmen 25 Grad Celsius in den Flieger, um sechs Uhr früh landen wir bei unangenehmen null Grad in Wien. Die Kinder schlüpfen dankbar in die neuen Sweater. Als wir am Flughafen Innsbruck heimatlichen Boden unter die Füße kriegen, ist es noch kälter. Wir nehmen ein Taxi und lassen uns nach Hause fahren. Der Taxifahrer erzählt, dass es schon sehr früh zu schneien begonnen habe und der Schnee auch in den Tallagen liegen geblieben sei. Für den späteren Nachmittag sagte der Wetterbericht Schneefälle voraus. Mein Gott! Ich habe noch keine Winterreifen am Auto. Mein Mann wollte sie im August montieren – in weiser Voraussicht auf den Dezember. Ich war dagegen, weil wir ohnehin viele Umstände hatten mit der Unterbringung unseres Wagens. Hätte ich doch auf ihn gehört, anstatt mich einzumischen!

Als wir daheim ankommen, ist Mittagszeit. Nun heißt es schnell handeln. Die Sonne scheint noch, die Straßen sind salznass, keine Gefahr also, auf der Straße ins Rutschen zu kommen. Die Autoversicherung haben wir in den Monaten unserer Abwesenheit ruhend gestellt. Unser Versicherungsberater hat dazu geraten. So müssen wir keine unnötige Autoversicherung zahlen, und die Nummerntafel liegt inzwischen im Schreibtisch des Beraters. Ich fahre mit dem Taxi zur Versicherung und hole die Nummerntafel; mit dem Taxi weiter zur Garage. Garage aufsperren, Auto noch da – gut so. Dann der spannende Moment: Lässt sich der Motor starten? Ich halte die Luft an: Gott sei Dank, es funktioniert!

Also raus mit dem Auto aus der Garage, Kofferraum auf – die dicken Handschuhe habe ich in der Eile zu Hause vergessen –, die Winterreifen in den Kofferraum. Vorsichtig manövriere ich zur nächsten Autowerkstatt. Sie ist gottlob gleich in der Nähe. Ich erhalte den letzten freien Termin zum Autoreifenwechseln und bin erst einmal erleichtert. Ich trage noch immer das Sommersakko und friere erbärmlich. Ich habe keine Zeit gefunden, nach warmen Klamotten zu suchen. Ohne Winterreifen will ich nicht fahren, wer weiß, ob nicht schon in einer Stunde dichter Schneefall das Fahren mit Sommerreifen zur Lotterie machen würde. Das Auto brauchen wir aber unbedingt – schon deshalb, weil ich die Frau Mama in Italien abholen muss. Sie und „Nonno" haben viel Gepäck, wollen sich die Mühe der Bahnfahrt sparen und haben mich daher gebeten, sie abzuholen.

In der Werkstätte zieht es wie in einer Vogelsteige. Ständig werden Türen aufgestoßen und zugeknallt. Ich fürchte zu erfrieren – endlich sind die Winterreifen montiert, ich ziehe los.

Die Kinder haben inzwischen den Badezimmerboiler eingeschaltet und frisches Brot geholt. Die Nachbarinnen, die unsere Ankunft bemerkt haben, bringen heißen Kakao und lassen sich die Neuigkeiten aus Abu Dhabi berichten.

Ausgekühlt steige ich in die Badewanne. Mein Mann, der immer Vorausdenkende, hat noch im Sommer Holz für den Kaminofen vorbereitet. Wir holen es vom Balkon, Carlos macht Feuer, auch das Telefon läuft schon heiß. Sämtliche Freunde und Freundinnen unserer Kinder rufen an. Und dann: Am Abend beginnt es zu schneien, und es schneit fast bis zum Weihnachtsabend durch.

Am 24. Dezember kommt mein Mann – mit der letzten Maschine, die sich an diesem Tag von Wien nach Innsbruck kämpft. Es hat noch eine große Aufregung gegeben. Das Flugzeug braucht bis Innsbruck normalerweise 50 bis 60 Minuten. Über Salzburg gibt der Flugkapitän die Order, dass sich alle Fluggäste anschnallen müssten. Eine Warnlampe im Cockpit leuchte, in Salzburg könne man aber nicht landen. Zurück also nach Wien. Die Stewardess beruhigt die aufgeregten Passagiere. Der Sitznachbar meines Mannes wird kreidebleich im Gesicht und beginnt zu beten. Die Angst ist verständlich. Niemand weiß, was wirklich los ist, und alle wollen nur eins: das bevorstehende Weihnachtsfest am Abend zu Hause erleben.

Die Maschine landet in Wien, die Passagiere werden in ein anderes Flugzeug umdirigiert. Mit drei Stunden Verspätung erreichen sie Innsbruck. Ich stehe am Ausgang und bringe meinem Mann Daunenanorak, Mütze, Schal und Handschuhe. In der Abenddämmerung fahren wir durch das Schneetreiben nach Hause. Nach der Weihnachtsmesse spazieren wir durch die verschneiten Straßen der Stadt, schauen in die Stuben der Leute – und frieren! Carlos hat auf einen Christbaum bestanden, der bis unter die Zimmerdecke geht, also fast dreieinhalb Meter hoch ist. Ich schaffe es sogar, am letzten Tag einen solchen aufzutreiben, was nicht leicht ist.

Die Geschenke liegen unter dem Baum. Meine Mutter und ihr Mann packen die vielen Mitbringsel aus, die wir ihnen aus dem Mittleren Osten mitgebracht haben. Es duftet nach Weihrauch und schweren orientalischen Parfums und nach Sandelholz. Neben den Weihnachtskeksen – darunter auch Spekulatius – stehen Datteln auf dem Tisch. Mutter lauscht der topaktuellen Sängerin, die die Kinder auf CD gepresst aus den Emiraten mitgebracht haben. Kaum beginnt die Musik, fangen unsere Töchter mit dem Bauchtanz an. Zu verlockend sind die Klänge.

Der Mann meiner Mutter kramt in der edlen Holzschachtel, die voll gefüllt ist mit arabischen Pralinen und Datteln und Marzipan und Pistaziencreme. Mein Mann sucht die Vanillekipferln und Spekulatiuskekse, Carlos geht auf den Balkon, um dem Schnee näher zu sein.

Und da ist es wieder, dieses Gefühl, gleich wie am Strand vor einigen Tagen. Dieses unbeschreiblich schöne Gefühl von Zufriedenheit. Ich liebe das Vermischen der beiden Kulturen. Der Orient ist mir so nahe, so nah wie mir am Strand in Abu Dhabi Europa gewesen ist. Für die Kinder ist das Wechseln zwischen den Kulturen längst selbstverständlich geworden. Sie haben die Sitten und Gebräuche kennen und respektieren gelernt. (Heute noch, wenn wir allein und ohne Gäste sind, isst Morena den Reis am liebsten mit der rechten Hand. Wenn es nach ihr ginge, bräuchten wir daheim überhaupt kein Besteck mehr. Und was wir alle nach wie vor gern tun – wir sitzen am liebsten auf dem Boden. Carlos mag es, wenn beim Essen viele Leute anwesend sind. In Saudi Arabien sitzen im Schnitt zwölf Leute beim Essen beisammen. Wir essen am Boden und genießen dieses Zusammensein.)

Die Weihnachtszeit fliegt schnell vorüber. Mein Mann muss am 1. Jänner wieder zurück, ich komme mit den Kindern erst am 7. Jänner nach. Wieder haben wir einen extremen Temperaturwechsel, diesmal von der Kälte in die Wärme. Am Flughafen von Dubai hat uns dieser geliebte Geruch der Emirate wieder.

Hinter den anderen Mitreisenden betreten wir das Flughafengebäude und begeben uns zur Passkontrolle. Die Residenzvisa sind in unseren Pässen eingetragen; wir stellen uns daher am entsprechenden Schalter an und sind auch gleich an der Reihe. Der Emirati blättert lang und bedächtig in unseren Pässen, vergleicht die Passbilder genau mit der Realität und fragt schließlich eindringlich: „Residence?"

Ich bejahe.

Da geht ein Lächerln über das ernste Beamtengesicht: „Welcome home."

Ich spüre, wie mir das Herz bis zum Hals schlägt. Am liebsten würde ich ihm um den Hals fallen, so gerührt bin ich. Aber ich sage nur „Thank you" und lache.

Ja, ich bin gern wieder zu Hause angekommen!

*

In den ersten Tagen genießen wir die Wärme. Doch der Sonnenschein trügt. Fast immerzu bläst ein feuchtkühler Wind. Ich maile an einen lieben Freund, in meinem Leben noch nie so gefroren zu haben wie jetzt. Der Wind und die Feuchtigkeit fahren einem bis in die Knochen. Das ganze Jahr trägt man Sommersachen; für die vier bis fünf „kalten" Wochen ist man gut beraten, Wintergarderobe zu haben und zu tragen. Ich besorge mir einen dicken Wollpullover und ziehe zum ersten Mal Tennissocken an. Meine Röcke bleiben im Schrank hängen. Ohne Strumpfhose wäre es viel zu kalt. Auf der Straße trifft man dick eingemummte Leute, manche tragen sogar Winterstiefel.

Wir verwenden keine Bettdecken; haben auch keine. Normalerweise sind schon die dünnen Leintücher, die wir zum Zudecken verwenden, zu heiß, wenn man die Klimaanlage nicht anwirft. Doch jetzt frieren wir und schlafen in Pyjamas und mit Socken an den Füßen. Mir rieselt der kalte Frost über den Rücken, wenn ich an die Schweizerin aus unserer Damenrunde denke, die es auch im Jänner schafft, jeden Tag im Meer zu schwimmen. Sie bleibt zwar nur kurz im Wasser, aber konsequent legt sie jeden Tag einige Längen im Meer zurück. Wir liegen in diesen kühlen Tagen im Jänner und Februar nur am Rand des Pools und tippen bloß mit den Zehen ein paar Mal ins Wasser – und auch das nur in der Mittagszeit.

In unserer Wohnung hängt ein besonderes Geschenk, das ich von Freunden meines Mannes in Riyadh bekommen habe: ein arabischer Wintermantel. Er sieht aus wie ein riesiger Umhang, wiegt einige Kilo, ist außen kunstvoll bestickt und innen warm gefüttert. In ihm kann man auf dem Wüstenboden übernachten. Der Mantel hat einen Ehrenplatz, und ich wünschte, der Schenker ahnte, welche Freude er mir damit gemacht hat.

In dieser kühlen Zeit habe ich mit dem Golfspielen begonnen. Ich treffe meinen Lehrer am Vormittag und spiele zwei Stunden. Einen Monat später, Mitte März, ist es um diese Zeit schon wieder so heiß, dass man eine Kopfbedeckung braucht und viele Flaschen Mineralwasser. Nochmals sechs Wochen später müssen die Golfstunden auf eine frühere Uhrzeit verlegt werden, weil die Sportausübung in der Hitze nicht mehr möglich wäre.

Die Winterzeit ist vorbei. Nun beginnt wieder die Flucht von einem klimatisierten Raum in den nächsten. Mein Mann verlegt das tägliche Joggen an der Corniche wieder auf Mitternacht, der heiße Alltag nimmt seinen Lauf.

Oman

Ein Erlebnis aus früheren Tagen. Mein Mann arbeitet bereits im Mittleren Osten. Ich sitze wieder einmal im Flugzeug, um eine Woche mit ihm zu verbringen. Er lebt in Riyadh in Saudi Arabien und muss wegen wichtiger Geschäftstermine in den Oman. Er ist mit dem Auto durch die Wüste von Riyadh nach Dubai gefahren, und wir wollen uns dort treffen.

Meine Mutter ist für drei Wochen nach Österreich gekommen. Das gibt mir die Möglichkeit, ohne die Kinder nach Abu Dhabi zu fliegen. Die Kinder haben Schule und ihren Vater kurz zuvor in den Osterferien besucht und mit ihm eine lustige, intensive Zeit verbracht. Außerdem lassen sie sich gern von der Oma verwöhnen und sind froh, sie einmal ganz allein für sich zu haben. Die Aktion ist zeitlich wie immer genau durchgeplant. Ich sperre Freitag mittags mein Büro zu und fahre nach Hause. Den Koffer habe ich schon am Vorabend gepackt, um 14.30 Uhr stehe ich am Flughafen. Diesmal habe ich etwas mehr „Luft" als an anderen Wochenenden, an denen ich nach kurzem Aufenthalt wieder zurückfliegen musste. Es war über die Maßen anstrengend, wenn ich am Sonntag in der Nacht aus Dubai heimzu flog. In Innsbruck kam ich um fünf Minuten vor acht Uhr an und hetzte mit dem Taxi direkt ins Büro – wo ich regelmäßig mit Verspätung ankam; erst zu Mittag, nach Büroschluss, war ich daheim.

Doch diesmal habe ich eine ganze Woche zur Verfügung. Ich blicke auf die Uhr. In sieben Stunden würde ich in Dubai sein und meinen Mann in die Arme schließen. Wir haben noch lang telefoniert, wir freuen uns sehr auf das Wiedersehen.

Das Flugzeug hat Gegenwind; erst um drei Uhr früh bin ich in Dubai. Menschentrauben drängen zur Passkontrolle, und es dauert länger als sonst. Es ist schon fast halb fünf Uhr, als ich aus dem Flughafengebäude trete. Wie immer versuche ich, die ersten Atemzüge ganz besonders zu genießen: die feuchte Luft, der Geruch nach Sand und Meeresluft. Frühnebel liegt über Dubai; man ahnt, dass es wieder ein heißer Tag werden wird.

Wie immer wartet vor dem Flughafen eine riesige Menschenmenge auf die Angekommenen. Der Abholende tut sich dabei leichter als der Ankommende. Es ist fast unmöglich, ein bestimmtes, wenn auch vertrautes Gesicht zwischen den hunderten Gesichtern ausfindig zu machen. Wie auf einem Catwalk passiert man die links und rechts in Position gegangenen Wartenden. Vielen bereitet allein das Abschreiten der „Formationen" ein unangenehmes Gefühl; manch einen beschleicht die Angst, vom Abholenden übersehen zu werden und dann allein und verlassen auf dem Flughafen von Dubai zu stehen.

Für den Wartenden ist es leichter, der „Catwalk" ist übersichtlich genug, um die erwartete Person aus der Menge zu filtern und sich ihr gegenüber – etwa durch Zurufe – bemerkbar zu machen. Mein Mann entdeckt mich sofort. Galant nimmt er mir den Koffer ab, und wir gehen zum Parkhaus. „Ich habe im Hotel schon ausgecheckt und möchte gleich losfahren. Wenn du willst, können wir in Dubai noch frühstücken. Und wenn es dir angenehm ist, mach dich im Millenium Airport Hotel frisch."

Das moderne Fünf-Sterne-Hotel in unmittelbarer Nähe des Flughafens ist schon seit geraumer Zeit unser zweites Zuhause. Hat mein Mann beruflich in Dubai zu tun, übernachtet er dort und kennt fast das ganze Hotelpersonal. Durch sein oftmaliges Nächtigen genießt mein Mann einige Vorteile. Ist offiziell kein Zimmer frei, wird trotzdem eines organisiert, und weilt er einige Tage nicht im Hotel, weil er zum Beispiel nach Saudi Arabien muss, kann er das Gepäck einstweilen dort deponieren. Er darf sogar das Auto in der hoteleigenen Tiefgarage parken, wenn er für ein paar Tage nach Österreich fliegt.

Ich weiß, dass die Temperaturen in zwei Stunden schon hoch und wir froh sein werden, einen Teil der Fahrt schon hinter uns zu haben. „Nein danke, ist nicht nötig. Ich habe mich noch im Flugzeug frisch gemacht."

„In Ordnung. Lass uns das Auto volltanken, dann fahren wir los. Ich rechne damit, dass wir in sechs Stunden in Muscat sind. Aber es wird dir gefallen, da bin ich mir sicher."

An der Tankstelle ein Schockerlebnis. Als der Tankwart bei dem voll betankten Wagen vor uns kassieren will, steigt der Fahrer aufs Gas, ohne bezahlt zu haben. Der Wagen schießt mit quietschenden Reifen davon und verschwindet in einer riesigen Staubwolke. Zurück bleibt ein laut schimpfender Tankwart.

Wir tanken und fahren auf die Berge Omans zu. An der Zollstelle beantragen wir ein Visum und werden von den freundlichen, hilfsbereiten Zollbeamten genau befragt. In welche Stadt im Oman wir wollen, warum und wieso und wie lang wir im Oman bleiben wollen. In meinem Pass sind unsere drei Kinder eingetragen. „Wo sind die drei?", will der Beamte wissen. Wir erklären alles ausführlich; zufrieden erteilt uns der Zöllner das Visum. Die Zollbeamten im Oman arbeiten gründlich und genau, die Einreisegesetze sind streng. Die Schönheit des Landes entschädigt überreichlich für die lange Prozedur an der Grenze.

Über eine Stunde haben wir im Zollhaus verbracht. Es ist fast Mittag, die Sonne brennt vom Himmel. Wir fahren durch eine idyllische Berglandschaft. Immer wieder taucht am Straßenrand das Schild auf: „Achtung Kamele". Kamele im Straßenverkehr sind eine große Gefahr. Sie überqueren die Straße langsam und bedächtig oder bleiben überhaupt mitten auf der Fahrbahn stehen. Fährt man zu schnell, sieht man sie am Anfang nicht. Ihr Fell hat die gleiche Farbe wie der Wüstensand rundum. Viele schwere Unfälle sind Zusammenstöße mit einem Kamel.

Mein mich stets umsorgender Mann reagiert auf das Knurren meines Magens: „Ich kenne ein wunderschönes Hotel ganz in der Nähe. Wenn du möchtest, essen wir dort zu Mittag und warten die ärgste Hitze am Swimmingpool ab. Andererseits haben wir doch noch eine weite Strecke zu fahren – und je früher wir ankommen desto besser."

Wir entscheiden uns doch für eine längere Rast, fahren von der Hauptstraße ab und speisen zu Mittag. Wir sitzen auf der Terrasse des Hotels und genießen den Blick auf die Berge.

Ziel unserer Reise ist Muscat, die Hauptstadt des Oman. Auf dieser Fahrt lerne ich die „Round abouts" kennen, den Kreisverkehr. Am Anfang zähle ich sie noch mit, doch dann schlafe ich ein und wache erst kurz vor Muscat auf.

Wie kann man die Schönheit des Landes beschreiben? Fast jeder hat als Kind „Sindbad und die Seefahrer" gelesen. Die spannende und abenteuerliche Geschichte spielt in einer geheimnisvollen und prächtigen Gegend. Es gibt das tiefblaue Meer, die imposanten Felsen, die kunstverzierten Dolche am Gürtel der Bewohner und die Holzschiffe, mit denen Sindbad über die Meere fährt. Es riecht nach Weihrauch, es glänzt nach Gold, und der kindlichen Fantasie werden keine Grenzen gesetzt. Wie man sich in der Fantasie diese farbenfrohe Welt vorstellt, so sieht die Landschaft des Oman aus. Sogar die Stimmung wird wirklich, und der Souk von Muscat sieht aus wie vor 100 Jahren. Die Stimmung überwältigt einen, das Land der Düfte betört die Sinne eines jeden.

Vor Muscat tanken wir noch einmal unser Fahrzeug voll. Wir haben noch kein Hotel gemietet und überlegen, wo wir schlafen sollen. Vor uns betankt einer seinen Geländewagen und spricht dabei mit seiner Begleiterin französisch – offensichtlich Expads, die im Oman arbeiten und leben. Wir fragen sie nach einem Hotel und kommen schnell ins Gespräch. Als sie hören, dass wir ohne Kinder am Weg sind, raten sie, ein erst vor kurzem eröffnetes Hotel zu wählen. Den Luxus dort müsse man sich unbedingt gönnen.

Gesagt – getan. Wir finden die Nobelherberge ohne Probleme, stellen unser Auto auf dem hauseigenen Parkplatz ab und betreten die riesige Lobby des Chedi-Hotels. Minutenlang sehen wir uns nur um. Modernität, Arabien, Orient – alles scheint zu einer Einheit zu verschmelzen. Die Farben, die leise Musik, die Gerüche, alle Sinne werden beflügelt.

Ehe wir uns fürs Bleiben entscheiden, wollen wir ein Zimmer sehen. Der Hotelpage übernimmt die Führung. Wir schlendern an kleinen Teichen mit Springbrunnen in der Mitte vorbei, durch perfekt angelegte und gepflegte Wasser- und Grasgärten und genießen den Blick auf das Meer. Die Zimmer sind modern ausgestattet, dennoch aber von wohltuender Schlichtheit. Bewusst hat man sich auf das Notwendige beschränkt. Eine Wohltat für das Auge, dieser unaufdringliche Luxus. Alles ist symmetrisch angeordnet, klare Linien und schlichte Schönheit bestechen, und wo Kanten und Ecken im Weg wären, ruht ein runder Teich. Und überall im Haus ist diese leise, angenehme Musik zu hören.

Ja, es gefällt uns mehr als gut. Wir buchen das Zimmer, duschen und suchen gleich den Pool auf. Das Meerwasser daneben hat Badewannentemperatur – kein erfrischend kühler Indischer Ozean also; ich kehre zurück zum Schwimmbad. Auch dort ist das Wasser warm, aber es hat den Vorteil, dass es derart angenehm ist, dass man darin stundenlang verweilen möchte.

Das Abendessen ist köstlich. Wir bestellen wie immer Gerichte aus der arabischen Küche. Und wie immer stört das Handy meines Mannes. Es läutet zu jeder Uhrzeit, untertags sowieso, und in der Nacht sind es die Saudis, die ihre Geschäfte wegen der großen Tageshitze in die Nachtstunden verlegen. Wir

haben uns daran gewöhnt, dass das Telefon ein Teil unseres Lebens ist. (Aber das hat auch positive Seiten und beschert Freude. Am Weihnachtsabend zum Beispiel bekommen wir – da sind wir ja immer in Europa – viele Anrufe aus dem Mittleren Osten. Trotz des anderen Glaubens denken die moslemischen Bekannten meines Mannes an unser Weihnachtsfest und rufen uns am späten Abend in Österreich an. Ein Zeichen großen Respekts.)

An diesem Abend aber passt das Klingeln überhaupt nicht. Mein Mann, ein leidenschaftlicher Liebhaber von Nachspeisen, hat gerade seine Bestellung aufgegeben, als es läutet. Er hat am Nachmittag seinen Chef in Österreich kontaktiert und via Anrufbeantworter um dringenden Rückruf gebeten. Nun ist er da, der Rückruf. Mein Mann verlässt die Terrasse, auf der wir sitzen, und geht, um niemanden zu stören, Richtung Strand. Da sitze ich nun – allein und wohl wissend, dass es ein langes Gespräch werden wird.

Der Kellner serviert den ersten Nachtisch, einen wunderbar dekorierten, riesengroßen Eisbecher und – auf einem zweiten Teller – ein Stück; rundherum Dekoration aus Marzipan, Staubzucker, Schokolade und Mangoscheiben. Die beiden Nachspeisenteller nehmen fast den ganzen Tisch ein. Nun ja, der Eisbecher ist zwar nicht meiner, aber bis mein Mann kommt, würde das Eis geschmolzen sein. Ich beginne genießerisch zu löffeln. Keine zwei Minuten später wieselt der Kellner wieder herbei, wieder trägt er einen Teller. Mein Mann hat vom Süßspeisenbuffet drei Stück Kuchen geordert, den Eisbecher und eine Schale Obst. Jedes Stück wird eigens auf einem Teller dekoriert und serviert.

Ich schiele Richtung Strand. Mein Mann ist im Dunkeln kaum noch zu sehen. Die Leute am Nebentisch beginnen zu grinsen, denn jetzt kommt der zweite Kellner mit dem dritten Kuchenteller. Mein Gott, es ist mir mehr als peinlich! Da sitze ich nun, vor mir ein Eisbecher, neben mir der erste Kuchenteller, und zwei Kellner stehen vor mir mit jeweils einem riesigen Teller in der Hand, bereit zum Servieren. Es sieht aus, als würden sie bald einen Lachkrampf bekommen.

„Nein!", würde ich am liebsten dem Publikum im Restaurant zurufen, „das gehört nicht mir!" Im Boden versinken kann ich leider auch nicht, ich muss mir also etwas anderes einfallen lassen. Morgen werde ich beginnen abzunehmen. Zumindest in diesem Moment nehme ich es mir fest vor.

Ein dritter Kellner bringt einen Beistelltisch mit, im Lokal sehe ich bereits den vierten Teller stehen. Würde es mir nur etwas helfen, ich würde meinen Mann in diesem Moment am liebsten in der Luft zerreißen und sein Handy in den Indischen Ozean schleudern. Er selbst, rank und schlank und durchtrainiert, bestellt fünf Nachspeisen, verschwindet telefonierend und lässt mich mit dem Berg von Kalorien sitzen. Die Leute an den Nebentischen gustieren die Szene. Ich fühle das!

Da fallen mir die klassischen Worte ein: Eine Dame lässt sich nie gehen und versucht jede Situation, die nicht zu ihren Gunsten ist, in den Griff zu kriegen oder tut zumindest so, als ob dem so wäre. Ich lächle den Kellner gequält an und will etwas sagen. Der kommt mir aber zuvor und sagt: „Madam, Sie wollen die Nachspeisen sicher in Ihrem Zimmer zu sich nehmen? Es ist offensichtlich unser Fehler, auf der Terrasse zu servieren."

Gerettet! „Thank you so much!" Ich nicke und warte, bis die Kuchenteller und der Beistelltisch entfernt sind.

„Das Eis werde ich, wenn es Ihnen recht ist, kühl stellen." Und weg ist der Eisbecher.

Ich versuche lächelnd aufzustehen, dem grinsenden Nachbarn wünsche ich, obwohl ich ihm am liebsten das Mineralwasser über den Kopf leeren möchte, einen schönen Abend und verlasse, innerlich fluchend, den Ort des Geschehens. Aus dem Spiegel der Terrassentür lachen mir noch meine kleinen Energiedepots um den Bauch entgegen.

Ich setze mich in die Lobby, da kommt auch schon mein Göttergatte. Seine gute Laune macht mich noch wütender.

„Na, waren die Nachspeisen gut, Schatz!"

Weiter kommt er nicht, mein Blick spricht mehr als tausend Worte. Wortlos nehme ich den Schlüssel aus der Tasche und verziehe mich ins Zimmer. Ich öffne die Tür – und pralle zurück. Da stehen auf drei kleinen Tischen vor dem Bett in ganzer Pracht und verführerischer Schönheit, drapiert mit Blumenvase und Kerzen, die Kuchenteller. Die Bettdecken sind wie am Abend zuvor bereits geöffnet, über das Bett duftende Rosenblätter gestreut.

Nun grinst mein Mann. Gegen arabische Nächte im Sinn von Tausendundeiner Nacht, garniert mit Kuchenstücken, kann ich beim besten Willen nichts einwenden. Tatsächlich kommt der Abend im Kerzenlicht noch zu einem schönen Ende.

In den nächsten drei Tagen hat mein Mann viele Meetings in den schönsten Luxusressorts in der Umgebung von Muscat zu absolvieren. Zu manchen begleite ich ihn. Während er seine Besprechungen hält, sehe ich mich in den Hotels um. Wir genießen die Landschaft, die Herzlichkeit der Bewohner und die wunderbare Stimmung des Landes.

In einer idyllischen, entlegenen Bucht begegnen wir einem Fischer. Er und seine Söhne tragen bunte Tücher um den Kopf gewickelt und den obligaten Dolch am Gürtel. Sindbad und die Seefahrer – die kindliche Fantasie, mit der man sich die Szenen vorgestellt hat, wird zur Wirklichkeit.

Am letzten Abend besuchen wir den alten Souk von Muscat. Er sieht aus wie vor hundert Jahren. Das malerische Ambiente verzaubert. Es duftet nach Gewürzen und Ölen. Der Oman gilt als das Land der Düfte. Weihrauch aus Salala, Sandelholz und Rosenöl – alles naturbelassen und betörend intensiv. Der Scheich des Oman wollte diese Düfte dereinst unvergänglich machen und engagierte die berühmteste „Duftnase" Frankreichs. Der Parfum-Createur wurde beauftragt, einen einmaligen, unvergänglichen Duft herzustellen. Die „Duftnase" machte sich ans Werk, heraus kam der himmlische Duft „Amouage". Der Produzent selbst sprach von seinem Lebenswerk. Er war überzeugt, den besten Duft seines Lebens kreiert zu haben. Ein mit der Kostbarkeit gefüllter Flacon kostet ein halbes Vermögen. Aber es ist ein schwerer Fehler, ohne diese Kostbarkeit den Heimweg anzutreten.

Am vierten Tag fahren wir durch die Berge wieder zurück Richtung Dubai. Wir brechen erst am Abend auf. Die Berge erscheinen unheimlich, es ist fast Vollmond, und zwischendurch erkennt man im Mondlicht die Silhouette von Kamelen. Vom Souk träumend, schlafe ich im Auto ein.

Palatschinken

Im Oktober erreicht uns die schriftliche Einladung der österreichischen Botschaft und des österreichischen Handelsdelegierten in den Emiraten, an einer Feier aus Anlass des 26. Oktober teilzunehmen. Österreichs Nationalfeiertag wird auch in Abu Dhabi zelebriert. Wir nehmen die Einladung gern an. Unsere Kinder besuchen dieselbe Schule und haben Freundschaft geschlossen. Es gibt nur die Sprösslinge von vier österreichischen Familien in der Schule, und der österreichische Dialekt bringt die Mitschüler immer wieder zum Lachen, einige Ausdrücke übernehmen die Klassenkameraden schnell – zum Beispiel das Wort „Leibl"; ein „Leibl" ist ein Leibchen, ein T-Shirt. Wie das erste Mal der Turnunterricht stattfand, suchte eine unserer Töchter in der Sporttasche ihr T-Shirt und rief zu den Kolleginnen am anderen Ende der Sporthalle: „Habt ihr mein Leibl gesehen?" Die sahen einander groß an und fragten: „Das was?" Ab dieser Stunde war das „Leibl" in aller Munde. Das Wort „heuer" (in diesem Jahr) wurde ebenfalls als überaus interessante Wortkreation eingestuft. Die österreichische Ausdrucksweise und unsere („typisch") österreichischen Eigenheiten wurden als „sehr gemütlich" empfunden, und sehr oft bekommen wir zu hören, dass wir Österreicher eine „nette Sprache" hätten.

Nun steht also der Nationalfeiertag vor der Tür. Wer will und kann, ist gebeten, im Dirndl zu erscheinen. Stattfinden wird das Ereignis im Hiltonia Gardens im Abu Dhabi Hilton. „Eine große Gartenparty also, direkt am Strand", denke ich. Wie ich erfahre, sind bereits 2.000 (in Worten: zweitausend) Einladungen verschickt worden.

Der Tag rückt näher, und ich überlege, was ich anziehen soll. Dirndl habe ich natürlich keines, und so beschließe ich, nachdem es ja ein Gartenfest geben wird, eine lange Jeanshose, ein T-Shirt und darüber eine knielange, arabische, weiße,

mit Goldfäden bestickte Bluse anzuziehen. Meinen Mann, der sowieso immer Anzug mit Krawatte trägt, findet es schade, dass wir keine Dirndln und Lederhosen haben.

Auch in der Schule wird vom Fest der Österreicher und von der Einladung gesprochen. Offensichtlich hat der Feiertag in Abu Dhabi schon Tradition, denn alle freuen sich darauf.

Endlich ist der Abend da, und mein Mann kommt, wie fast immer, zu spät nach Hause. Statt um 19.30 Uhr vor Ort zu sein, fahren wir um diese Uhrzeit erst von zu Hause los. Auf der Corniche ist selbstverständlich viel Verkehr, und an jeder Ampel müssen wir anhalten. Nach der letzten Ampel atmen wir auf – endlich geschafft! Vor uns der angesteuerte Parkplatz – ohne freien Platz allerdings, er ist vollgeparkt mit den Botschaftslimousinen der verschiedenen Länder, geschmückt mit Wappen und Wimpeln. Dazwischen die diversen Luxuskarossen der Einheimischen. Jeder Autoliebhaber würde sich wie im Paradies fühlen, jede europäische Automesse würde vor Neid erblassen ob der edlen Automarken, die da stehen.

Ich steige aus und strebe eiligen Schritts dem Eingang zu. Durch den Hiltonia Garten schweben einige bodenlange

Abendroben, gemischt mit Cocktailkleidern, und ich weiß sofort – ich bin vollkommen falsch angezogen! Es ist zu spät zum Umziehen! Ich drehe mich noch einmal zu meinem Mann, der noch im Auto schwitzt und einen Parkplatz sucht. Ich bücke mich, schaue durch das Beifahrerfenster und will ihm gerade die Schuld an dieser misslichen Lage geben, da lösen sich zwei Knöpfe meiner Bluse und ich stehe da mit offener Bluse.

Mein Mann versucht erst gar nicht zu lachen, mir verschlägt es die Stimme, und just in diesem Moment höre ich eine Bekannte rufen: „Na endlich, wo seid ihr denn?" Es ist reichlich spät, nein, zu spät zum Umkehren.

Morena setzt noch eins drauf: „Dein T-Shirt ist zu kurz, Mama. Es rutscht ständig hinauf, wenn du dich bewegst." Und weg ist sie, läuft vorbei an der Security zu einer Schulfreundin, die sie in der Menge entdeckt hat.

Mein Mann hat auch etwas entdeckt – einen Parkplatz. Er richtet noch seine Krawatte, grüßt im Vorbeigehen ein paar Bekannte, und ich suche auf dem Parkplatz nach meinen Knöpfen, die sich scheinbar in Luft aufgelöst haben. Wie habe ich mich auf den Abend gefreut, und ich habe ihn mir von niemandem verderben lassen wollen. Tapfer versuche ich, das hinaufrutschende T-Shirt mit der kleinen Abendtasche zu bedecken und so zu tun, als hätte ich ein Abendkleid an. Gemeinsam streben wir dem Eingang zu.

Dort komme ich gehörig ins Staunen. Der wirklich große Garten ist voll mit Leuten, am Rand des Areals eine Bühne, auf der eine österreichische Musikgruppe aufspielt – sie ist extra für diesen Anlass eingeflogen worden; im Mittelpunkt zwei Buffets, jedes einzelne von riesigen Ausmaßen und prall beladen mit Schmankerln aus der Alpenrepublik: Apfelstrudel, Kaiserschmarrn, Palatschinken und und und. Wie ich erfahre, hat der für den kulinarischen Erfolg zuständige Koch zwei Mal ein Probeessen veranstaltet, um sicherzugehen, dass der Geschmack ein typisch österreichischer ist.

Der Hubschrauberverkehr an diesem Abend ist mir schon beim Herfahren im Auto aufgefallen. Die Helis landen beim

Emirates Palace, das in nächster Nähe des Hilton liegt. Am Rand des Gartens sitzen in der Nähe des Strandes im Halbkreis jene, deretwegen der Luftraum über Abu Dhabi strapaziert wird: die regierenden Könige der benachbarten Golfstaaten. Sie sind – sicher ist sicher – eingeflogen worden und werden im Emirates Palace nächtigen oder dort zumindest vorübergehend Quartier beziehen. Vor, hinter und neben ihnen Bodyguards und Security – und doch wirkt alles gemütlich und selbstverständlich. Für einige Gäste sind Meetings mit den Regierungsoberhäuptern vereinbart worden, die direkt vor Ort stattfinden.

Jeder der weit über 2.000 Gäste wird am Eingang persönlich vom österreichischen Botschafter und vom österreichischen Handelsdelegierten und deren Gattinnen mit Handschlag willkommen geheißen.Mein Mann, geprägt von den Attentaten in Saudi Arabien und den extremen Sicherheitsvorkehrungen in Riyadh bei derartigen Anlässen (Panzersperren, komplette Durchsuchungen des Autos und der Kleidung, Abgabe der Handys am Empfang aus Sicherheitsgründen, Polizei mit Maschinengewehren im Anschlag usw.), sieht sich nach Sicherheitsausgängen um. Er kommt nicht dazu, sich mit dieser Thematik zu beschäftigen, die Ansprachen beginnen, und wir landen mittendrin im bunten Treiben.

Es ist ein gelungenes, schönes Fest. Obwohl mir ein Festgast aus Versehen die Vanillesauce des Apfelstrudels über das zu kurze T-Shirt schüttet und ich die weiten Ärmel meiner arabischen Bluse in der Gulaschsuppe versenke. Nachdem es Nacht geworden ist und nur die vielen bunten Lampions den Garten beleuchten, ist mir das aber schon so etwas wie egal.

Die Stimmung ist familiär. Die Prominenz der Golfstaaten lässt sich einige der österreichischen Spezialitäten vom Buffet bringen und kostet die Speisen. Ich treffe eine sympathische ältere Dame aus der Nähe von Nassereith in Tirol – wie klein die Welt doch ist. Sie besucht ihre Tochter, die samt Familie seit vielen Jahren in Abu Dhabi lebt. Wir plaudern über Tirol und die Neuigkeiten und beklagen gemeinsam die hohe Luftfeuchtigkeit an diesem Abend.

Die österreichischen Musiker in zünftigen Lederhosen und Trachtenhemden singen und jodeln und spielen auf der Ziehharmonika. Und eine andere Tirolerin, die neben mir steht, stellt fest: „Was für eine Fetzengaudi!"

Ramadan

Der Ramadan ist der jährliche Fastenmonat der Moslems. Sie dürfen in dieser Zeit Tag für Tag von Sonnenaufgang bis Sonnenuntergang den Mund weder mit Essen noch mit Getränken – nicht einmal mit Wasser – in Berührung bringen. Laut einem türkischen Freund soll dies dazu dienen, dem Einzelnen bewusst zu machen, wie gut es ihm geht. Man gedenke jener, die nichts zu essen haben und nichts zu trinken. Nur wer Hunger und Durst am eigenen Leib verspürt, wisse, wie es den Armen ergehe. Teilen und geben und helfen sind die obersten Maxime in dieser Zeit. Besagter Türke, der selbst schwer arbeitet und kein luxuriöses Leben führt, ist ein tiefgläubiger Mann. Am Ende des Ramadan gibt er einer Familie, von deren armseligen Leben er weiß, einen Teil seines Einkommens ab. Er ist ein einfacher Mann, aber genau das ist es, was ihn so liebenswert macht. „Allah sieht alles und weiß, was ich tue!", sind seine Worte. Oft geht er laut betend und singend durch seinen Garten. Sein ganzes Arbeitsleben hat er seinen Vater in der Türkei finanziell unterstützt. Die Bescheidenheit ist seine treue Begleiterin. Immer wieder hat er uns während des Ramadan zu sich und seiner Familie zum Iftar-Essen eingeladen, dem sehnsüchtig erwarteten Fastenbrechen nach Sonnenuntergang.

Auch in den Emiraten erleben wir Ramadan. Die Kinder werden in der Schule auf den Fastenmonat vorbereitet. Kaugummi kauen, in der Öffentlichkeit Wasser trinken oder gar essen, ist verboten. Man ersucht um Rücksichtnahme der moslimischen Bevölkerung gegenüber. In den Hotels hängen Informationsschilder, die über den Ramadan aufklären; das Ersuchen um Rücksichtnahme ist auch an die Touristen gerichtet.

Abu Dhabi scheint in dieser Zeit stillzustehen. Die Cafés und Restaurants in den Einkaufsstraßen bleiben bis zum Sonnenuntergang gesperrt. Die Arbeitszeiten sind auf sechs Stunden täglich verkürzt. Ramadan ist auch die Zeit, die der Familie gelten soll. Familienbesuche stehen im Vordergrund. Für die moslimischen Mitschüler meiner Kinder wird die Schulzeit verkürzt. Mehr als fünf Stunden Schule mit knurrendem Magen ist ihnen nicht zuzumuten. Der Nachmittagsunterricht entfällt, wir verbringen viel Zeit zu Hause.

Am Abend, etwa eine halbe Stunde, bevor der Muezzin zum Gebet ruft, sitzen überall in den Gartenanlagen zwischen den Hochhäusern Abu Dhabis die Ärmeren der Bevölkerung, fast immer Pakistani. Sie hocken im Kreis und warten auf den Sonnenuntergang. Ist der Zeitpunkt erreicht, strömen aus allen Windrichtungen Leute mit Schüsseln und Töpfen voller Essen. Ehe man selber mit dem Essen beginnt, versorgt man jene mit Speisen, die nichts oder nur wenig haben.

In den Restaurants werden die Iftar-Essen zelebriert. Überreiche Buffets mit exquisiten Spezialitäten und erlesenen Delikatessen werden angeboten. Man sitzt bis spät in die Nacht hinein beisammen. Die Bäcker backen Süßigkeiten, die es nur während des Ramadan gibt. Die tägliche Zeitung ist schon in der Früh fast überall ausverkauft – sie meldet den genauen Zeitpunkt des Sonnenaufgangs und des Sonnenuntergangs an diesem Tag. Und weil die Uhrzeit täglich wechselt, besorgt sich jeder Tag für Tag die neueste Ausgabe.

Die Nacht wird zum Tag. Überall wird gefeiert und vor allem gegessen. Es ist dies auch die Zeit des Ausverkaufs in den Geschäften. Angebote ohne Ende sind zu finden. Selbst Autos werden um vieles günstiger angeboten, Leasingraten herabgesetzt oder für einige Monate ganz erlassen.

Der große Höhepunkt ist jedoch das Ende des Ramadan. Man weiß zwar nicht genau, wann der Ramadan zu Ende geht. Die Leute mutmaßen über den Termin, ganz Genaues weiß aber niemand zu sagen. Im Lebensmittelgeschäft erklärt uns der Inhaber des Ladens, dass dies von der Mondsichel abhängig sei. Die Sichel des Mondes am Vortag verrate den Priestern, wann der Fastenmonat zu Ende gehe. Die Erkenntnis wird den Gläubigen am nächsten Tag mitgeteilt. Die Spannung ist groß.

Übermorgen? Morgen? Niemand weiß es. Und dann ist es endlich so weit. Sobald das genaue Datum bekannt ist, wird in den Haushalten gekocht und gebacken ohne Ende. Geschenke werden besorgt, und die Familien bereiten sich auf die großen Familienfeiern vor.

Der Muezzin ruft zum Gebet, er ruft auch das Ende des Ramadan aus. Die obligate Dattel eröffnet das Festessen. Unsere ägyptischen Nachbarn servieren uns köstliche Kekse – auch eine Spezialität, die es nur an diesem Tag gibt.

Gefeiert wird die ganze Nacht hindurch. Die Kinder haben einige Tage schulfrei. Unser Sohn ist mit meinem Mann bei Achmed eingeladen, dem emiratischen Freund meines Mannes. Das Ende des Ramadan zu feiern, ist Tradition und eine reine Männerrunde. Unser Carlos hat die große Ehre, mitfeiern zu dürfen. Er kann bereits etwas arabisch, was ihm sehr hoch angerechnet wird. Er genießt den Abend in vollen Zügen und ist sich der besonderen Wertschätzung, die ihm entgegengebracht wird, absolut bewusst.

SCHULEN

Auslandsschulen sind ein spezielles Thema. Wir überlegen lang, in welche Schule unsere drei Kinder gehen sollen. In Frage kommen die Englische Schule (zwecks Erlernung der Sprache) und die Deutsche Schule (weil die eigene Sprache doch vieles einfacher macht). Die anderen Schulen kennen wir noch nicht.

Die Internationale Deutsche Schule macht schließlich das Rennen, weil wir nicht wissen, wie lang wir im Ausland bleiben werden, und weil das deutsche Schulnetz weltweit sehr gut ausgebaut ist. Sollte mein Mann in ein anderes Land wechseln wollen, hätten die Kinder beim Schulwechsel weniger Schwierigkeiten; sie würden kein Schuljahr verlieren, weil die Schuljahre sowohl von deutscher als auch von österreichischer Seite voll angerechnet werden.

Zur Diskussion steht auch die berühmte libanesische Choifat-Schule – eine Eliteschule mit eigenem Schulsystem, eigenen Büchern und eigener Schuluniform. Der Schulalltag ist straff organisiert, jeden Tag gibt es Tests und Wiederholungen. Nicht nur die Schüler, auch die Lehrpersonen werden ständig kontrolliert und geprüft. Erzielt eine Klasse zwei Mal schlechte Testergebnisse, wird der Lehrer evaluiert. Die mangelhaften Leistungen der Schüler könnten ja auch an ihm und seiner Lehrmethode liegen. Eine Schülerin führt uns durch die Schule. Das Selbstbewusstsein der 17-Jährigen ist ausgesprochen hoch. Sie erklärt uns das System und dessen Vorzüge. Über 80 Nationen sind vertreten, das Auswahlverfahren hart. Aber es war jede Mühe wert. Schulsprache ist Englisch; für Ausländer besteht eine Übergangsregelung, wie in vielen anderen internationalen ausländischen Schulen auch. In einer eigens dazu eingerichteten Klasse werden die Kinder sanft auf den englischen Unterricht hingeführt. Wer einmal eine Wurzelrechnung auf Englisch erklärt bekommen hat, weiß wovon ich spreche.

Unsere Älteste zeigt Begeisterung auch für die American High School. Dort steht zwar rund um die Uhr schwer bewaffnete Security vor dem Eingangstor, die Schule bietet aber besonders den kreativen Köpfen ein großes Angebot.

Ich weiß gar nicht mehr, wie viele Aufnahmetests an verschiedenen Schulen, aus aller Herren Länder, meine Kinder machten. Aber sie bestehen erstaunlicherweise alle.

Bei einem Galadinner in Dubai erzählt mir eine Schweizerin beim Cocktail vom Schulalltag ihrer inzwischen erwachsenen Kinder. Der Mann war im Aktiengeschäft tätig, und sie übersiedelten für ein Jahr nach Hongkong. Die Kinder wechselten nach einem halben Jahr der Sprache wegen in die englische Schule. Aus dem geplanten einen Jahr wurden fünf. Das hieß für die Kinder fünf weitere Jahre an der englischen Schule – fünf weitere Jahre jeden Tag bis zum späten Nachmittag in der Schule. Mathematische Formeln in einer Fremdsprache lernen ist schwierig. Vor allem, wenn man sie in der Fremdsprache lernt und in der Muttersprache nicht beherrscht. Nach einem Jahr pfiffen die Kinder auf Deutsch, obwohl es ihre Muttersprache war. Als die Familie nach sechs Jahren in die Schweiz zurückzog, musste für die Kinder eine englische Schule gesucht werden. Sie fanden eine und zahlten enormes Schulgeld. Das anschließende Studium wurde in England absolviert. Der Vater der Kinder war froh, sein Geld gut angelegt zu haben, sonst hätte er die Ausbildung seiner Sprösslinge nicht bezahlen können. Die Kinder, inzwischen junge Erwachsene, sprechen hauptsächlich Englisch und nur mehr selten Deutsch, sehr zum Leidwesen der Eltern und Großeltern.

Unsere Entscheidung für die Deutsche Schule stellt letztlich alle zufrieden. Arabisch ist für alle Kinder verpflichtend. Die Regierung schreibt die Stundenzahl für Arabische Kultur und für die Arabische Sprache für Ausländer vor. Englisch wird intensiv unterrichtet, schon deshalb, weil die Umgangssprache in den Vereinten Emiraten Englisch ist. Zudem steht als dritte Fremdsprache Französisch im Lehrplan. Die Kinder haben, was die Sprachen betrifft, also genug zu tun.

Unfälle und Krankheiten

Der gemeinsame Nenner von Unfall und Krankheit ist Krankenhaus. Was wir in Österreich kaum benötigten, im Mittleren Osten aber oft besuchen, sind die nah gelegenen Krankenhäuser. Fachärzte führen selten eine eigene Praxis, sie ordinieren in Kliniken, und die Zahl an Spezialkliniken ist sehr hoch. Für uns vom mitteleuropäischen Sozialsystem Verwöhnte ist die Vorstellung schlimm, dass ein Familienmitglied im Ausland erkranken könnte. Aber es kommt meist anders als gewünscht.

Unsere Koffer in Riyadh sind gepackt und schon im Auto verstaut. Die Kinder wollen nicht wegfliegen, wollen lieber in die Wüste zu den Kamelen fahren. Wir versprechen, bald wiederzukommen; alle versuchen, den Kindern den Abschied zu erleichtern. Freunde begleiten uns zum Flughafen.

Wegen der Terrorattentate der letzten Tage ist die lange Straße zum Flughafen streng bewacht. Wir passieren zwei Mal einen Checkpoint, der Unterbau unseres Fahrzeugs wird mit Spiegeln genau untersucht, der Kofferraum muss geöffnet werden; uns werden die Pässe abverlangt; wir müssen begründen, warum wir zum Flughafen wollen. Die Kontrollen sind uns allerdings nicht neu. In Riyadh sind die Sicherheitsvorkehrungen extrem hoch, die Terrorwelle hat ihren Höhepunkt erreicht. Ich gehe nur verschleiert auf die Straße, die Mädchen tragen ihre Abbayas, allerdings ohne Gesichtsschutz. Vor den Regierungsgebäuden und Hotels sind riesige Panzersperren errichtet worden, Hubschrauber kreisen um die Hochhäuser, die Wahrzeichen von Riyadh. In einem der Türme liegt das Büro meines Mannes. Jeden Tag wird er komplett durchsucht, ehe er den Haupteingang betreten darf – obwohl die Security ihn gut kennt, das Prozedere ist mehrere Male am Tag immer das gleiche. Das Sakko muss ausgezogen werden, er wird auf Waffen, Bomben und anderes durchsucht, die Taschen mit Akribie durchgesehen.

Am Flughafen checken wir ein und begeben uns, nachdem das Gepäck genauestens durchsucht worden ist, in die Warteräume. Frauen und Männer auch dort strikt getrennt. Ehe wir in den Warteraum für Frauen dürfen, untersucht uns nochmals eine Frau genau. Ich muss meine Handtasche öffnen und alles, was sie birgt, auf den Tisch leeren – Kalender, Schlüsselbund, Geldbörserl, Tampons für die Damenhygiene, Taschenspiegel und Taschentücher, Duftstoffe und Schminkutensilien und saure Drops – alles wird inspiziert. Angesichts der Terrorgefahr bin ich um die genauen Kontrollen letztlich aber froh. Sie gewährleisten ein gewisses Maß an Sicherheit.

Carlos hat im Auto über Bauchweh geklagt und sich auf dem Weg zum Flughafen übergeben müssen. Ich sitze nun mit den beiden Mädchen im Warteraum. Plötzlich stöhnt Alice. Sie greift sich auf den Unterbauch und krümmt sich. Sie ist kreidebleich im Gesicht. „Mama, ich habe unerträgliche Schmerzen!"

„Musst du dich übergeben, wie dein Bruder?"

„Nein, aber es tut furchtbar weh, Mama!"

Nun ist guter Rat teuer. Ich stütze und setze sie auf den nächsten Stuhl und beauftrage Morena, Alice in aufrechter Position zu halten. Ich renne los, um Hilfe zu holen. Rundherum starren mich die Frauen an. Ich laufe zum nächsten offenen Schalter und versuche zu erklären, war passiert ist. Ein Arzt wird alarmiert, ich hetze zu Alice zurück. Die krümmt sich noch schlimmer als zuvor. Ich schleppe sie in die Damentoilette, wasche ihr das komplett verschwitzte Gesicht. Die Security ruft inzwischen meinen Mann aus.

Das Gepäck ist schon im Flieger, und die Zeit verrinnt. Eine Krankenschwester eilt herbei und fragt, was los sei. Sie misst Alice den Blutdruck und fordert mich auf, mich schnell zu entscheiden, was getan werden soll. Welche Frage! Sollten wir mitfliegen und es Alice im Flieger noch schlechter ergehen, müsste der Flug abgebrochen und nach Riyadh zurückgekehrt werden. Die andere Möglichkeit ist, den Flug zu verschieben, das Gepäck wieder aus dem Flieger zu holen und ein Krankenhaus aufzusuchen.

„Schaffst du es bis Dubai?"

Alice schüttelt schwach den Kopf. Ich habe sie auf den Boden gesetzt und die Abbaya und das Kopftuch ausgezogen. „Mama, es tut so weh."

Blinddarm schießt es mir durch den Kopf. Akuter Durchbruch oder so irgendetwas.

Ein Rollstuhl wird gebracht, mit vereinten Kräften hieven die Krankenschwester und ich Alice darauf. Sie versinkt in den Stuhl, und ich lege die Abbaya über sie.

Die Passagiere unseres Flugs sind mittlerweile über die Verschiebung der Abflugzeit informiert. Auch mein Mann erfährt von der Security von den Problemen und von meinem Entschluss, das Gepäck aus dem Flieger holen zu lassen. Er muss allerdings die Entscheidung bestätigen. Erschrocken erwartet er uns im Sicherheitstrakt. Alice ist kreidebleich, hält die Augen geschlossen und sitzt verkrampft und zusammengekauert im Rollstuhl. Mein Mann ruft seinen arabischen Freund an; der nennt uns sofort den Namen eines privaten Krankenhauses.

Dort angekommen, erledigt mein Mann die Aufnahme, Alice wird sofort zur Voruntersuchung gebracht. Es gibt wieder zwei Warteräume – einen für die Sirs, den anderen für die Frauen. Die Trennung gilt auch für die Untersuchungsräume. Mein Mann darf also nicht zu Alice. Als Mann ist ihm der Zutritt verwehrt, weil auch andere Frauen dort liegen.

Er bringt Morena und Carlos zu Freunden und kehrt zu uns ins Krankenhaus zurück. Ich werde gefragt, ob Alice auch von einem Arzt untersucht werden dürfe oder nur von einer Ärztin und ob mein Mann meine Entscheidung genehmigen werde.

Ja, ja! Mir ist alles recht. Hauptsache, Alice geht es rasch besser. Die Untersuchungen beginnen. Die Ärzte und das Personal sind ausgesprochen bemüht. Alice erhält ein Schmerzmittel verabreicht und krampflösende Tropfen – sie erholt sich langsam.

Immer wieder eile ich in den Park hinaus, um meinen Mann zu treffen und ihm vom Geschehen zu berichten. Es hat immer noch 30 Grad, obwohl es schon fast Mitternacht ist.

Die ersten Befunde liegen vor. Alles deutet auf eine starke Entzündung hin. Die Ärzte wollen noch abwarten. Ob die Schmerzen vom Blinddarm kommen, kann noch nicht gesagt werden.

Wir verbringen die ganze Nacht im Krankenhaus. Alice geht es schon wesentlich besser. Sie bekommt zwar einen schlimmen Durchfall, ist danach aber wieder topfit und schläft die restlichen Stunden der Nacht. Die Untersuchung am nächsten Morgen ergibt durchwegs Werte im normalen Bereich.

Alice hat sich in der Nacht von der Ärztin die Blinddarmoperation genau erklären lassen. Es ist die modernste Form der Operation, die angeboten wird – nur zwei Löchlein, und nur zwei winzige Narben würden bleiben, kaum sichtbar, kein Schönheitsfehler. In Arabien gilt Schönheit als höchstes Gut, jede Narbe würde als Makel gelten. Die Aussichten gefallen Alice, sie überlegt schon, sich sofort den Blinddarm herausnehmen zu lassen. Gegen Mittag verlassen wir das Krankenhaus, Alice ist wieder fit, was sich inbesondere an ihrem gewohnten Bärenhunger zeigt.

*

Wir waren mit der medizinischen Betreuung in Saudi Arabien und in den Emiraten immer zufrieden. Ob überdehnte Knöchelbänder, Bauch- oder Ohrenschmerzen, starke Angina, Gipsverband, Schädelbrummen oder Magenverstimmung – wir wurden immer ausgesprochen zuvorkommend und liebevoll behandelt. Einziger Nachteil waren die starken Medikamente, die man verabreicht bekam. Durch die extreme Hitze und die Luftfeuchtigkeit vermehren sich Bakterien und Bazillen rasant, und um dem vorzubeugen, wird sofort mit Antibiotika therapiert. Das war etwas, was wir nicht gewohnt waren.

In Abu Dhabi hatte ich die erste Angina meines Lebens. Ich versuchte das Einnehmen des Antibiotikums so lang, wie es ging, hinauszuschieben. Schlussendlich nahm ich es gern ein – und war letztlich froh darum.

ZUVORKOMMEN

Gibt es einen Rat, den man jenen mitgeben kann, die in den Mittleren Osten übersiedeln wollen? Vielleicht sollte man auf das Luxusleben hinweisen mit dem Satz: „Benützen auf eigene Gefahr!"

Die Gefahr, den Boden unter den Füßen zu verlieren, ist für viele Expads groß. Zu viel Luxus kann zu kulturellem Verfall, zu großer Dekadenz führen.

*

Wir waren seit zwei Jahren nicht mehr im Mittleren Osten. Zwei Jahre sind eine lange Zeit in den Emiraten, zwei Ewigkeiten. Zu rasend schnell verändert der Bauboom das Aussehen der Städte und das Leben in ihnen. Ob es unser altes Hochhaus noch gibt, die kleinen Lokale und Läden? Oder hat das uns Bekannte, Vertraute dem neuen Reichtum weichen müssen?

Wir erlebten im Mittleren Osten eine schöne und intensive, eine reiche Zeit. Wir denken oft an unsere Freunde dort in der Ferne. Viele Erinnerungen an diese Zeit sind wach geblieben und so intensiv vorhanden, als wäre das Erlebte eben erst geschehen. Die Lebensphilosophie, die Zuvorkommenheit, die Verlässlichkeit und die Freundlichkeit der Wüstensöhne haben bei uns tiefe und bleibende Eindrücke hinterlassen. Das Vertrauen, das wir in die Menschen im „Morgenland" setzten, ist niemals enttäuscht worden.

Ich hoffe, dass wir aus dem „Abendland" ebenfalls erfreuliche Eindrücke und positive Erinnerungen hinterlassen haben.

Wir lernten den Luxus kennen. Wir wissen: Den wahren Luxus machen die Freude am Leben, das Bekenntnis zur Einfachheit und die gelebte Bescheidenheit aus – und die Freude, sich überhaupt auf etwas freuen zu dürfen!